ホームレスパパ、格差を乗り越える

何も変わらなかったから考え方を変えた

HOMELESS DAD OVERCOMES DISPARITY

麒麟 田村裕

HIROSHI TAMURA

KADOKAWA

はじめに

この度は、私、麒麟《きりん》・田村裕の著書に出会っていただき誠にありがとうございます。『ホームレス中学生』という本を2007年に出して以来、実に17年ぶりの新作となります。

この本は、44歳の田村が、ホームレス経験を経て手にした人生観を「子育て、夫婦、人生、芸人」の四つの章に分けて、詰め込んだものです。

僕が夫婦生活を続けられていることには、「お笑いコンビ」という特別な関係を20年以上続けてきた経験が活《い》きています。二女一男の育児を楽しめているのは、ホームレスの経験があるからだと感じています。芸人を続けられていることにも、人生をポジティブに進めていけていることにも、全て理由ときっかけがあります。

それを、44歳という、母親の享年と同じ年齢になった今、全て自分で書き下ろしました。

今回、この本を書くにあたり、僕ごときが、誰かに何かを伝えるなんて烏滸《おこ》がましいという思いが、ずっと拭えませんでした。正直、今も思っています。

それでも書こうと思ったのは、世の中のほとんどの方にとっては幼稚で浅はかな解決方法であっても、もしこの世のどこかに僕と同じような弱さを持ち、人生に希望を見出《みいだ》せない人がいて、その人の背中を押すことが出来る可能性が少しでもあるのなら。子育てに疲れ、我が子とコミュニケーションをとることが嫌になってしまい、毎日が楽しくない親子に笑顔が増える可能性があるのなら。幸せになるために繋《つな》いだ手が、離れそうなほど心に距離が空いてしまったご夫婦に、もう一度楽しい会話が蘇《よみがえ》る可能性があるのなら。それぞれの夢を追い、志半ばで道を諦めかけている人が、もう一度奮起して自分のやりたいことをやり切ったと思えるように後押しが出来る可能性があるのなら。それは書いてみる価値があるかも知れない、と思ったからです。

僕は弱い人間です。弱いからこそ自分を守るため、人生を謳歌《おうか》するため、心のチャンネルを何度も何度も何度も何度も切り替えて、生き抜いてきました。

たくさんの人の助けのおかげで、たくさんの気付きを得ることができ、何とか毎日笑って、生きることが楽しいと思えています。毎日笑って生きることで、自分や周りの人達《たち》を幸せに出来る可能性が少し増えるかな、と思ってやっています。

キラキラして見える周りの人達に、何度も心を折られそうになっておりますが、何とか折れずに頑張っています。でも、折れることも悪いこととは捉えていません。「それも人生やん」と受け入れるぐらいの心持ちで気楽に生きています。

ほとんどの方には、今更何言ってんねんっていう内容かも知れません。

でも、もしももしも、この本を読んで救われる人が居るのなら。

今の時代には居なくても、いつかの未来に一人居るかも知れない。

そう思って、この本に今の僕の全てと言っても過言ではない思いを出し切りました。


読んでいただいたあなたには何一つ響かなくても、あなたが大事な誰かを救う時に必要になるかも知れません。読んでおいてもらえれば、今は響かなくても、弱った時に思い出してあなたを救うかも知れません。

僕なんかが誰かを救えるかも、なんて夢見ちゃってごめんなさい。

でも諦めきれませんでした。

どうかこの世に、笑顔が一つでも多く増えますように。

心から笑える日々が、一日でも多くありますように。


好きなところ、気になるところから読み進めていただいて構いません。

全部読んでいただかなくても構いません。

それでも、一文字でも多く、誰かの目に、心に、届きますように。

第1章

子育て編

上限を勝手に設けない……13

第2章 夫婦編 家は奥さんの城

第3章 人生編

ポジティブは自分で作る……95

第4章 芸人編

装画　紙谷俊平
ブックデザイン　菊池 祐
制作協力　吉本興業株式会社

第1章

子育て編

上限を勝手に設けない

HIROSHI TAMURA

01

子育て編①

心配しなくても
ほとんどの場合
子供は勝手に育つ

HOMELESS DAD OVERCOMES DISPARITY

これは強烈に体験してしまったので、確固たる自信があります。

皆さん、子育てに「我が子を一人前に育て上げるぞ」という強い責任感を持っていらっしゃると思います。もちろんとても素晴らしい気持ちですし、それをやり遂げるために、日々子供と向き合って生きていくのが親なんですが、その気持ちが強過ぎて必要以上に自分を責めてしまったり、疲れてしまったりはしていないでしょうか？

せっかく子宝に恵まれ、子供のことが大好きで愛情があるのに思い通りにいかない、やりたい育児が完璧に出来ない、そんな自分に落ち込んで育児が嫌になる。こんなにもったいないことはないと思います。

僕が思うに、育児は難し過ぎます。失敗して当たり前です。失敗を繰り返して親も子供と一緒に成長出来れば、それは十分に立派な子育てだと考えています。自分の理想の１００点の子育てじゃなくても、愛情があれば、子供にとっては１００点の子育てです。上手《うま》くいかなくて理想通りに出来なくてイライラして感情をコントロール出来ないより、そんな自分を許して認めてあげた方が、子供が失敗した時にも優しく寄り添えます。

何より子供は勝手に育ちます。僕は最終的には、兄と姉と知り合いのおじちゃんおばちゃんのお世話になってここまで育ちました。家の中に親は居ませんでしたが、ちゃんと大人になって、立派とは言えなくても楽しく毎日を過ごしています。ちゃんと育ちました。身長は180cmもあります。無駄にデカいともっぱらの評判です。

もちろん親が居て、色々話し合ったり大人の姿を家で見ていたりすれば、もう少し早く大人びたかも知れません。でもそれが人生に必要かどうかの答えはありません。もし親に毎日家で躾《しつ》けられて息苦しく生きていたら、全く違った価値観を持って、自分の人生に満足出来ない人間になっていたかも知れません。または、もっと人間が洗練されて、人のことを考え配慮が出来る、もっと充実した人生になっていたかも知れません。
まぁ早い話が正解なんて無いし、どっちの環境でも良いところを見つけて楽しむしかなかったのだと思います。

ということは、親がどれだけ頑張っても空回りすることもあれば、上手くハマることもある。全く頑張らなくても、子供が自分で人生にやりがいを見つけて成長する可能性もあれば、どんどん堕落していく可能性もある。どうなるかなんてわからないのであれば、無駄に責任感を持ち過ぎず、いつも機嫌の良い自分をキープして、心に余裕を持った状態で、出来る範囲の努力を続けるくらいで良いのかなぁと思ってしまいます。特に僕のように、親がおらんくても何とかなるやん、と感じてしまう人生であればなおさらです。

言葉が悪いかも知れませんが、親がおらんくても最悪、子供は育ちます。
人間の生命力は凄《すご》いです。自分のお子様を信じてあげてください。日本という国を信じてあげてください。色んな支援制度もあります。誰かが助けてくれます。助けられた人間はきっといつの日かまた誰かを助けます。心配し過ぎなくて大丈夫だと思います。

やる気を出すな、とかそういう意味ではありませんし、向き合わなくていいわけではありません。全力で向き合える時は向き合ってあげてください。育児放棄を勧めているわけではありません。教えられることは教えてあげてください。でも疲れ過ぎないでください。最悪、子供は勝手に育つからと、肩の力を抜くことを上手く使い分けてください。

実際、僕は責任というものは全く感じていません。勝手に育ってね、と思っています。出来る限りは寄り添うけど、そもそも自分が何歳まで生きられるかもわからないし、浮き沈みの激しい仕事をしていますから、どうなるかなんてわからないよって思っています。親子2世代連続の「解散」(詳しくは『ホームレス中学生』をお読みください)もあるかも知れないくらいに思っています。

なるべく一緒に居ようね、出来る時に出来ることは全力でやるからねっていうくらいです。愛する我が子達は僕が居なくても逞《たくま》しく育ってくれると心の底から信用しています。

なので、毎日が楽しくて仕方ありません。これを読んでくださっている皆さん、田村家が解散したらその時は子供達をよろしくお願いしますね（笑）。

HIROSHI TAMURA

02

子育て編②

直らないことを叱り続けてもストレスが溜まるだけ

HOMELESS DAD OVERCOMES DISPARITY

子供をちゃんと躾けたい。家の中のルールを守ってほしい。学校のルールを守ってほしい。社会のルールを守れる人間になるためには、まず家の中のルールをちゃんと守らせないと、と思いますよね。

ちゃんとしてほしい思いが強ければ強いほど、出来ていない時に叱りつけてしまいます。そして叱った夜に一人で「叱り過ぎたかな……」とか変に落ち込んでしまったりして。でもそうやって落ち込んだわりには、また同じシチュエーションに遭遇した時に叱りつけてしまう。それを繰り返す。しかも叱っても大概直らないんですよね。

叱るのにもかなりの体力を使います。

直らないのに叱り続けなければいけないなんて、新手の地獄ですよ。何度か叱っても改善されないならば、そのまま叱り続けても改善されないケースがほとんどです。

そういう時は、僕はアプローチを変えた方が良いと思っています。

我が家であった実例です。

子供達が帰ってきて、手を洗い、カバンやランドセルを所定の場所に置き、中から水筒や洗うものなどを出して、制服をハンガーに吊《つ》るすこと。これをしないことを何回も叱っていたのですが、改善する気配がありませんでした。子供達は、家に帰ると手は洗うもののランドセルは置きっぱなし、着替えもしないままにお菓子を食べていました。お菓子を食べ満足するとそのまま遊んだり友達と遊びに行ったりしてしまいます。そうなるとランドセルは夜になっても所定の位置に置かれず、出すものも出されないまま、下手したら次の日の朝に出てくる。これでは洗うものが間に合わなかったり、次の日の準備にモロに影響が出てきたりします。

気になるので何回も奥さんにそれを言うと、奥さんも何度も何度も注意しているのに改善しないんだからどうしようもないと呆《あき》れていました。そしてまた自分が気になった時だけ注意する。毎回は注意出来ない。子供達からすると昨日は叱られなかったのに何で？となる。叱られない時もあるから、とルールが曖昧になる。

こういう時に僕は、教えたことが出来ていない子供達が悪いのではなく、教えきれていない親達が悪いと思うようにしています。

それで、奥さんと話し合って、お菓子を入れている引き出しと冷蔵庫に、次のような貼り紙をしてみることにしました。

「お菓子を食べる時は手洗いを済まし、制服を着替えてハンガーに吊るし、ランドセルを所定の位置に置き出すものを出してから食べてください」

我が家はこれで、叱る回数が激減しました。貼り紙が目に入る度に思い出してくれて、先に済ませるようになりました。

今ではかなりの時間が経《た》ってしまい、その貼り紙も景色の一つとして馴染《なじ》んでしまったのでもう読んではいないんですが、それでも根付いた習慣は簡単には消えません。制服がハンガーに掛かっていないことはほぼ無くなりましたし、ランドセルもだいたいは所定の位置に。たまに、他にやらなければいけないことがあったり、親のサインもらい待ちでランドセルをしまえなかったりなどの理由で定位置に収まっていない時はあるものの、自分が大人になった時にはちゃんと出来るくらいの習慣は十分に身に付いていると思います。出すものもある程度はちゃんと出してくれています。

アプローチを変えたことで本人達の意識も高まり、お互いに注意しあったりもしてくれています。

こうなると楽なルーティンに入り、お互いを見張ってくれているので親が居ない時でもちゃんと出来るようになっていきます。

今も叱り続けていたらと思うとゾッとします。果たしてそのことでどれだけのカロリーを使っていたんだろうと。運動なんかしなくても痩せていく勢いです。その体力を子供達と遊ぶのに使ってあげたいものです。あとは僕が奥さんに叱られるストレスをどう解消するかだけが問題です。

HIROSHI TAMURA

03

子育て編③

夫婦の仲が良いことこそ最高の子育て

HOMELESS DAD OVERCOMES DISPARITY

子供が生まれたばっかりの頃、良い子育てがしたいという思いが強く、奥さんの言動に神経質になってしまった自分が居て、色んな細かいことが気になりストレスになっていた時期があります。

細かい行動を注意したり子供達が寝た後に話し合ったり。子供のことを考えていないのかと喧嘩《けんか》になったりもしました。

話し合ったことが解決しないまま、次の日にまた同じような行動を見つけてしまったら、それこそ子供の前でも喧嘩になったり、話すのも嫌になってつんけんしてしまったりを繰り返していました。

次第に、本当に最高の子育てとは何なのかを考えるようになっていきました。

ちょうどその頃から、世間では新型コロナウイルスが蔓延《まんえん》し、仕事がなくなった僕は家に居る時間がめっちゃ増えました。こんな唐変木みたいな僕ですが、案外効率を求める一面もあり、家族の効率を考えると、僕が家事をした方がスムーズに一日を終えられると気が付きました。

それまでは、子供の時に指を切ってしまったトラウマから包丁を持つのも嫌だったし、洗剤に負ける肌の弱さから洗い物も嫌でした。肌が弱過ぎるので濡《ぬ》れる度に肌の保湿ケアをしなければならず濡れたくなかったので、一切キッチン周りは手伝ってこなかったのですが、コロナを境にキッチンにも立つようになりました。うちの奥さんはキッチンに立たれるのを嫌がるタイプではありません。

献立を考えて子供の食べやすい物を用意したり、奥さんにも満足してほしいので大人用のおかずを別で作ったり、洗い物を少なくしたいから料理の盛り付けを工夫したり。色々やりはじめると奥さんの有り難みに改めて気付かされ、感謝の気持ちがあふれ、しょっちゅうお礼を言うようになりました。それと同時に「夫婦編① パートナーを味方につける」（60ページ）の意識が芽生え、夫婦のコミュニケーションがめっちゃ増えていつも良いテンションで会話が出来るようになりました。

そしてその時にハッと気付きました。言葉で何かを教えるよりも、夫婦の仲の良さをしっかりと見せることの方が子育てに良いのではないか？　夫婦が良いコミュニケーションを取っていれば、子供達が他人や兄弟姉妹に話す時の言葉選びが変わるのではないか？　子供は親の行動や表情を誰よりも敏感に感じている。とてもよく見ているのだから。

それからは、教育方針の大事なことの順番が変わりました。
まず一番に優先するのは夫婦が仲良く機嫌が良いこと。
これに勝る子育てはない。

機嫌良く喋《しゃべ》っているのが自分だけではないことを祈りながら、田村は今日も奥さんに話しかけるのです。

HIROSHI TAMURA

04

子育て編④

褒めの極意

HOMELESS DAD OVERCOMES DISPARITY

僕はとりあえず褒めます。

褒めずに叱って伸ばす方法もあるでしょうが、現代的ではないし、どこかで一気に成長する可能性はあるけど普段は伸びにくい。子供が「自分はダメな子」という先入観を持ってしまう恐れがあると感じたので、基本はその方法は使いません。

僕は基本は褒めます。とにかく褒めます。結果は見ません。過程のみで褒めます。もちろん結果にも繋がったらめっちゃ褒めますが、そんなにしょっちゅう結果に繋がるような出来事は起きません。なので、日常生活でこちらが望む方向に向かいそうなものは全部褒めます。

例えば、勉強すると決めた時間を集中してやりきればめっちゃ褒めます。集中力が途中できれてしまっても、集中力が保てた時間を褒めたり机に向かったことを褒めたりします。椅子の座り方や勉強道具をちゃんと持ってこられたことくらいまでハードルを下げて褒めます。

ひどい時は、今日は集中出来なかったね、でも他にやりたいことがあるってことだもんね、何かに興味を持つことはとっても良いことだよ、とか言うてます（笑）。無理くりも無理くりです。内心の、ちゃんと勉強しろや！もっと出来たやろ！何しとんねん！を押し殺して。こうしておけば、自分がいけない子だとか何の才能も無いとは間違っても思わないでしょう。

あなたよりも凄い人は居るかも知れないけど、いつかあなたもその人を超えられるかも知れない。今日は大きな一歩となる一日だった、という褒め方をすることもあります。そして明日は今日よりもう少し出来たら凄いねと言って締めます。

そのおかげか、うちの姉妹は勉強でもお手伝いでも遊びでも、何かやってと持ちかけると余程タイミングが悪くなければやってくれますし、ノルマをこなそうと頑張ります。勉強がとても好きなわけではないけど、全く嫌いでやる気を示さないということもありません。長い目で見てハードルを下げて目標を示しつつ褒めていきましょう！

きっと子育てをしている親側も、ポジティブな言葉をたくさん使うので、楽しい気持ちでいられる時間が長くなると思います。

05

子育て編⑤

子供の気持ちを理解するためには子供の時を思い出せ！

HOMELESS DAD OVERCOMES DISPARITY

これはもしかしたら、僕が特殊な環境で育ったから、特殊な記憶になってしまっているのかも知れません。

まず、父親が変わり者（『ホームレス中学生』参照）でほとんど喋った記憶がなく、思い出の数が少ない。

母親は僕が11歳の時に他界、父親とは14歳で解散して親との思い出が少なく、一つ一つが色濃いので「お父さんのあの言い方嫌だったな」とか「お風呂で体を洗われている時、力強くて痛かったな」とか「優しく言うてくれたらこっちも頑張れたのにキツく言われて反骨心が芽生えちゃって素直に聞けなかったな」とか憶《おぼ》えているので、子供の気持ちに寄り添いまくって嫌にならないように気を付けて接しています。

僕も体を洗う時についい力が入ったりはしてしまいますが、その辺はご愛嬌《あいきょう》で、咄《とっ》嗟《さ》に叱りたい時も言葉の選び方に気を付け、会話が増えるように興味のないものでも興味を持ち、親の都合や勝手なルールを説明もなしに守れとは言わず、なぜそうしてほしいのか理由を説明し、共感出来るかを確認します。

どうしてもわからないと言われたら、押し付けるのはやめて、また話し合おうと言って保留します。

長女に叱ったことを保留中に、次女が同じことをして客観視が出来るチャンスが巡ってきて、そばで見ていて嫌な気持ちになったから自分もやめると話がまとまることもありました。こんな流れです。

「『お前』って言わない方が良いと言われるけど、なぜダメなのか自分の感情をコントロールするのが難しい。『お前』と言われたら言い返してしまう」と長女。僕は、そういう言葉を使うと自分の価値が下がるから言わない方が良い、相手が使っていたらなおさら同じレベルに降りて戦わない方が良いと言ったのですが、意味がわからないと言われて保留しました。

その後、次女が「お前、お前」と言っていたので、それを言われた長女にどう思ったか聞いたら、良い気持ちにはならないと。自分の価値が下がるって意味が少しわかったかもと言って、むやみには言わなくなりました。たまには言うてます。そういう逞しさもほしいので、それには目を瞑《つぶ》っています。「お前」の無駄遣いは無くなりました。

子供の時の自分が、どんな気持ちでそういう言葉を使っていたかをイメージすると、子供が理解しやすい言い方や接し方が見つかります。親だから「親らしく、親らしく」と思ってしまいますが、子供の時の自分の気持ちを思い出してみた方が近道かも知れません。

子供時代にトラウマがある方は、この話は聞かなかったことにしてください。
まずは自分の心が健康的であることが最優先です。

HIROSHI TAMURA

06

子育て編⑥

教えたいのは習慣

HOMELESS DAD OVERCOMES DISPARITY

皆さんは、何を教えておきたいと思って子育てを頑張っていますか？

僕は、「習慣」を身に付けさせてあげたいと日々奮闘しております。

例えば、算数を教えまくって、算数がめっちゃ出来る子になるのも良いですが、勉強する習慣を身に付けてもらって、自分が何か知識を得る必要がある時に、勉強に取り組める地盤を作っておいてあげたい。何か目標が見つかった時に、努力するという発想が出てくるようにしてあげたいと考えています。


僕はバカ過ぎてそういうことがわからずに、好きなものを好きなだけ見たりやったりしていました。なので、大人になって凄く苦労しました。芸能界を生きていくためのコツをやっといくつか見つけたのですが、習慣にないものを身に付けるのはかなり難しいです。もしかしたら根本的には無理なのかもと思ってしまうくらい、後からは根付きにくいです。「好き」こそ最強の武器ですが、その次の武器は「準備力」だと思っています。準備＝勉強や積み重ねることだと思います。それは日々の習慣で増やしていくのが一番です。

HIROSHI TAMURA

07

子育て編⑦

子供の上限を大人が勝手に設けない

HOMELESS DAD OVERCOMES DISPARITY

子供の成長はめっちゃ早いとよく言われますね。
これに関しては、大人もやる気になって自分の可能性を信じられさえすれば、同じくらい成長出来ると思っておりますが、今回は子供の話。

子供の成長が早く感じるのは、自分で上限を決めずに「出来たら嬉《うれ》しいな」という興味と好奇心（友達に負けたくないなどもあると思いますが）で闇雲に挑戦が出来るから。大人の想像よりもどんどん出来るようになっていくので、子供の成長は早いと言われるんだと思います。こちらの想像を超えているんですね。

自分の子供にもそうですが、小学生を対象としたバスケットボールスクールを運営していて肝に銘じていることは、子供のレベルに合わせ過ぎないことです。
子供の成長は大人達の想像を遥《はる》かに超えてくる可能性があるので、これくらいだろうとある程度は想定しますが、超えてくることも想定して、教えることに幅を持たせるようにしています。

スクールの場合、色々なパターンがありますが、基礎固めの時はある程度、枠の中で教えます。ただ、その子の特性によって、基礎から少しくらい外れても特性を活かしつつの方が良いなと思う時は臨機応変にやります。基礎固めではない、何か一つのテクニックを覚えてほしい時には、「これは無理かもなぁ」というレベルで教えはじめ、分解しながら子供達のレベルに合わせ、個別に目標を設定していきます。

そうすることで、基礎も覚えつつ何かのテクニックを突出させてマスター出来る可能性も出てくると思っています。上限を頭の中で設けない努力は結構大変です。

我が子にもそうです。何かをやってみようという時に、なるべく上限を設定しないようにしています。

丁寧に向き合っているつもりが、知らない間に上限を設定してしまい、可能性を狭めているかも知れませんよ。

HIROSHI TAMURA

08

子育て編⑧

イヤイヤ期を恐れないでください

HOMELESS DAD OVERCOMES DISPARITY

2歳のイヤイヤ期。

なぜかイヤイヤ期って超有名で、こんな可愛《かわい》い我が子にイヤイヤ期なんて本当に来るのかしら?来たらどうしよう?と不安になると思います。僕もそうでした。周りのママさんパパさんに聞いたりネットで調べてみたりする限り、もちろん例外もありますが、大体の子には順調にイヤイヤ期が来るっぽいですね。

まぁ成長の過程ですから良いことですし、何より親側がめっちゃ成長するチャンスだとも思います。我が家も三人の子育てで、それぞれ大体2歳前後にイヤイヤ期がありました。でも、そんなに向き合い過ぎなくて大丈夫です。

田村が思う、イヤイヤ期なんて向き合い過ぎなくて大丈夫な理由。

其《そ》の一　その時はいっぱいいっぱいになりますが、通り過ぎるとあんまり覚えていない。覚えていないってことは、そんなに大したことではなかったんだなと思います。イヤイヤ期は大変さ半分、成長半分なんで、気楽に行こうぜ〜って感じです。

其の二　決めつけないように配慮する。社会人なら当たり前過ぎるシンプルなことなんですが、我が子にもその配慮があればスムーズにいくことが結構あります。

体調はしっかり多角的に確認しながらの話ではありますが、そろそろ寝るはずとかそろそろお腹空《なかす》くはずとか決めつけ過ぎないようにする。臨機応変の方が楽です。

冷静に考えれば自分もそうなんですよね。少ししか寝ていないのにやけに元気な時もあるし、めっちゃお腹が空いていたはずやのに、ちょっと食べて満足する日など色々あるじゃないですか。子供も一緒で、そろそろ寝るはずとかご飯もこれくらいは食べるはずとか決めつけない。少ししか食べない時があっても良いです。どうしても寝ない日もあるので心の準備をしておきましょう。

朝まで全く寝ないことは基本はないはずです。疲れたら寝るはずです。昼寝をさせ過ぎないなどコントロールを頑張っていれば、夜にぐっすり寝る日が増えるはず。多少の早い遅いは許容出来るように、こちらも気持ちに余裕を持っておきましょう。そんな日も、あるある（くれぐれも生活リズムがぐちゃぐちゃでも良いよって話ではありませんからね。なるべくリズムが整っているのを目指した上で、それにハマらない日も心穏やかに過ごしましょうという話です）くらいの気持ちでいきましょう。

其の三　大人のやりたいことと子供のやりたいことをイーブンで考えるとかなり楽になります。美味《おい》しい状態で食べてほしいから温かいうちに食べてよ！って思うんですけど、子供って多分大人ほど味覚は発達していないし、温かいうちにとかそんなにこだわりがないんですよね。それなのに楽しい遊びをやめてまで食べなければいけない理由がまだわからない。その気持ちを上手く表現することが出来ない。でも自分の意思は芽生えてきているからなんか嫌。で、イヤイヤになるのかなぁと思います。

今、食べてしまってほしいのは親の願望。今、遊びたい、他のことをしたいのは子供の願望。どちらも同じレベルの願望。その願望を押し付けて、何で食べてくれないの？これがイヤイヤ期か！となるよりも、そんなにお腹空いてないか、ご飯よりやりたいことがあったか、少し交ぜている野菜に気付きはじめて嫌がっているか、など、まぁ大した理由はないので、こちらもそこまで向き合い過ぎずにいきましょう。

一旦、思いっきり遊んでもらってから再トライしてみたり、野菜など嫌がりそうなものをもっと隠す努力をしてみたりして。もちろんそれでもあかん時もあります。その時はパッと切り替えて次のことをしましょう。子供目線で見たら「なんか2歳くらいから『大人の押し付け期』がはじまったな」って感じかも知れないですよ（笑）。

其の四　これはシンプルなテクニックですが、選択肢を与える。これは使えます。ご飯を食べさせたい時に、今すぐ食べるのと5分遊んでから食べるのどっちが良い？と本人に選んでもらう。

お風呂上がりに服を着させる時に、このパジャマを着て！だと嫌がる可能性があるので、こっちのパジャマとこっちのパジャマどっちが良い？と聞いて選んでもらう。その方がわりとスムーズに着てくれます。

選ばせた上で嫌がる時もあります。子供ってなぜかお風呂上がりに裸で走り回るのが好きなので（笑）。何か別のやりたいことが明確にある場合はまず着ません。僕は時間があればそのまま遊びに付き合って遊んでいました。裸の時もあるし、パンツだけ穿《は》かせての時もあるし肌着だけの時もありました。肌着を急に嫌がりだしてそのままパジャマ着たいとか言うてる時期もありました。肌着を着なかったら汗吸わへんかなとか、お腹冷えるかなとか心配やけど、体質的に問題なければ肌着を着ない日もあっていいかなぁと、子供のペースに合わせていました。

別にやりたいことがある時は、「先にそっちやってくるね」って子供に伝えて「戻ってきた時に着てくれたら嬉しいな」とか言うてその場を離れていました。早く着ないと風邪をひく心配もありますが、子供は元気なのでそれくらいでは大丈夫な気がしています（全てのパターンが当てはまるわけではないので臨機応変に。それで風邪をひくこともありますけど、裸が原因かわかりませんし、風邪をひいて強くなることもあります。もちろん、悪化したり慢性化したりしないように細心の注意はお願いしますね。苦情は一切受け付けません。悪《あ》しからず）。

それで戻ってスムーズに着てくれたら感謝の気持ちを伝えるし、自分で着る努力をしていたらめっちゃ褒めるし、家族が着せてくれていたらそれに対してお礼を言います。「今、着せな」に囚《とら》われ過ぎないと少し楽になるかと思います。

HIROSHI TAMURA

09

子育て編⑨

なぜかあまり知られていない魔の3歳児

HOMELESS DAD OVERCOMES DISPARITY

有名な「2歳のイヤイヤ期」に隠れて、実はそのさらに上に「魔の3歳児」というものがあります。少なくとも田村家にはありました。恐らくこれのせいで、イヤイヤ期なんてほぼ記憶に残らないのでしょう。

3歳の方が自己主張も強いし拒否反応も本格的だし、明確に嫌な理由を突き付けられることもあり困り果てます。そのせいで誰かに迷惑が掛かったりします。遅刻、騒音、暴力的な行動など、日本人が嫌がる様々なアンモラルなことをしてきます。子供にも知恵がついてくるので、親が嫌がって心の折れる絶妙なラインを突いてきます。覚悟していてください。これがイヤイヤ期なんて全くビビらなくて良い最大の理由です。構えるべきは魔の3歳児なのです。

しかぁ〜し！　これもビビる必要はありません！

常に、「自分は子供の最大の味方である」ことをしっかりと伝えておきましょう。邪魔をしたいんじゃないんだよと。まず、衝突する前の普段から良いコミュニケーションを意識しましょう。子供のわがままを聞く時に、今はパパ（ママ）もあなたのやりたいことを頑張ってやるから、後でパパ（ママ）のやりたいことも手伝ってね、一緒に楽しい時間を作ろうねってちゃんと伝えておきましょう。無条件で簡単に聞いてしまわないようにしましょう。

そして、いざ魔の3歳児が発動した時に、あの時パパ（ママ）は頑張ってやったよね？今、あなたは頑張れない？と協力を仰いでみましょう。無理やりあれしなさい、これしなさい、よりは遥かにスムーズになります。

そして一番衝突するのが、言葉の理解力が上がり、ある程度コミュニケーションが取れるようになってきたことにより「ここまでは理解してくれるだろう」とこっちの都合の良いように大幅に予想をした時です。理解してくれるだろうと思って、ダメな理由をちゃんと伝えているのに、伝わらないと腹が立ってしまうかも知れません。

子供は想像以上に、理解しているようでしていないので、こちらが思っているより伝わっていないと思うくらいでちょうど良いと思います。理解したように見えても、全然別のことをやってしまったりすることも多々あります。要するにそんなには理解していない時が多いようです。

それでも理由も説明して教え続けるのですが、イライラしないことが最優先のような気がします。イライラしてしまうと子供は別のベクトルで親との関係性を構築してしまいます。親の顔色を窺《うかが》う子になってしまう危険があります。電車のオモチャを投げてしまった時に危ないと叱って躾けるよりは、正しい遊び方を教えて楽しい時間を共有してあげることの方が大切なように思います。それが楽しければ自然と投げるよりも楽しい方に行くでしょう。そして友達と上手に遊ぶコミュニケーション術が身に付くと、何歳になっても上手に遊んでくれるんじゃないかなと思います。

厳しく教えてもそんなに理解しないのならば、優しく味方でいてあげた方が子供は信頼してくれる。方向性は示すけどむやみには叱らない方が良いと思います。

その分、道路に出たらあかんとか命や体の危険に晒《さら》される場面はめっちゃ真剣に叱りましょう。

そもそも親子であれ、一人の人間が言うことを全て聞くわけがない。

逆に、一生全部指示しないとあかん子になる方が怖い。

そう考えれば、様々な自己表現も受け入れてあげられるのではないかと思います。

まぁそんなこんなで大変な魔の3歳児ですが、怖がらなくていい理由がちゃんとあります。

もちろん例外もあるでしょうが、その先には何で有名にならないのか不思議でしょうがない、「天使の4歳児」というものが存在するのです。

精神修行のような魔の3歳児を越えると、色んなことが今までよりもさらに理解出来るようになります。ご飯を食べる時もこぼす量がめっちゃ減り、親の気持ちも理解して譲ってくれたり優しい言葉を掛けたりしてくれるグッドコミュニケーションまで出来るようになる。天使の4歳児の可愛さははっきり言ってたまりません。今、まさにうちの子は天使の4歳児期に突入しています。寝る前に「パパ大好き、ありがとう」って言ってきます。こちらからも「〇〇ちゃん大好き、この家に生まれてきてくれてありがとう」と返します。すると最高に幸せな顔を見せてくれて安心して眠ります。仕事に行く前も必ず応援してくれるのですが「頑張って」がまだ言えなくて「まんがってね！」と言ってきます。言えてない感じもあいまって最高に可愛いです。天使にも程があるやろ！

2歳のイヤイヤ期、魔の3歳児、乗り越えた先にご褒美が待っております。挫《くじ》けずに周りの大人と励まし合ってストレスを溜《た》めずに楽しんで子育て出来ると良いですね。

田村はあなたを応援しています。

HIROSHI TAMURA

10

子育て編⑩

難し過ぎる「叱り方」

HOMELESS DAD OVERCOMES DISPARITY

これは田村家だけのことではないと思います。

きっとほぼ全ての同年代の育児で起こっていることだと思うのですが……。

昨今、ありとあらゆる情報がＳＮＳで飛び交い、子供の怒り方、叱り方の注意点などをまとめたものもよく見かけます。

二つ言いたい。

まず一つは「わかっていても出来ひんねん！」です。

叱る時はこっちも感情が乗っています。我が子のこととなると本気だし、親もいっぱいいっぱいだし、向き合い過ぎてしまう。

感情をコントロールして、怒ったり叱ったりする時も言葉選びに気を付けながら完璧にやるなんて不可能に近い！こっちも人間やっちゅうねん！ってなります。

一方、もう一つの言いたいことが……覚悟して聞いてください。

それは親の叱り方や言葉選びが、我が子にそのまま反映されてしまいますよ、ということ。

子供が、親や兄弟姉妹へ怒る時の、テンション、言葉のチョイスは、ほぼ全て親がやっているまんまです。うちの長女、次女が末っ子の長男を怒る時の言い方は、聞いていられない時があります。「それやったらもうさせへんで」とか「○○君だけ連れて行かんとこ」とか。もう散々自分達がやってしまっていた叱り方を、我が子が我が子に使っている。胸が締め付けられる思いです。

言葉選び、話の持っていき方をもっと工夫しておけば良かったなぁ……と反省しきりです。子供のやりたいことを聞いて、それを叶《かな》えるためには何が必要かを話し合えば良かったです。連れて行かんとこ、ではなく、一緒に行きたいからこれも頑張ろうって、何で言えなかったんだとつい考えてしまいます。

つい、感情が乗ってしまって、人間剝《む》き出しで怒る時もあるでしょう！

それはそれで良いんです！

せめて心に余裕のある時、せめて人に見られている時、せめてワンオペじゃなくて二人に分散させられている時だけでも、同じ叱り方ではなく、工夫した向き合い方をしておきたかった。そうしていたら、子供達の中にも根付いたかもしれない。それが悔やまれます。

完璧にこなせる人を心の底から尊敬します。僕達夫婦にはそれは難しかった。世の中にはそんな親御さんがたくさんいるはずです。本当に難しいんです。感情が乗ってしまうんです。本気だからこそ、いつも子供のために頑張っているからこそ感情が乗るんです。子育てのプロじゃないし、仕事しなあかんし、やることが次から次に出て来て大変なんです。

でもそんな自分達も許しましょう！
親ってそんなもんやった気がします。
「子育て」ではなく「親子育ち」。
ともに育ちましょう。
せめて余裕がある時だけでも気を付けておきたかった！
特に一人目の時からやっておけば！
気付くのが遅かったっす（涙）。

第2章

夫婦編

家は奥さんの城

HIROSHI TAMURA

11

夫婦編①

パートナーを味方につける

HOMELESS DAD OVERCOMES DISPARITY

世の中のご夫婦の何割くらいが喧嘩をしないのでしょうか？

本当に二人とも生活を楽しんで満喫して仲が良い夫婦。

僕の中では都市伝説です。

仲が良く見えても、どちらかが我慢しているだけの可能性もあります。

奥さん、旦那さんの足並みが揃《そろ》っている「都市伝説夫婦」は読まなくて良い項です。


僕達夫婦は結婚してから3〜4年くらい喧嘩が絶えませんでした。数は少ないとはいえ今までの恋愛で喧嘩をしたことが無かった僕が、こんなに喧嘩になるなんて信じられませんでした。お互いが好きで一生添い遂げるために結婚したはずのパートナーが、敵のように僕の人生の邪魔をし、精神を削るような発言ばかりしてくる。

時々、何でもないタイミングでプレゼントを買ってみたり、奥さんの念願だったトイプードルを飼ってみたりしても、一瞬は仲良くなりますが、ふとした拍子にすぐに喧嘩に発展してしまうのです。

家に帰るのが嫌で公園で時間を潰してから帰ったり、電車を待つホームで、乗るべき電車がホームに到着して扉が開いているのに、乗り込まずにやり過ごして「乗車レス芸人」になったりしていました。

どうしてこの人は邪魔ばっかりするんだろう……。

どうして僕と足並みを揃えて同じ方向を向いてくれないんだろう……。

もしかして選ぶ相手を間違えたのかな……とさえ思ってしまっていました。

何とか現状を打破するために、僕が出した答えは「相手が味方になってくれないのは、もしかしたら僕のことを敵と認識している可能性がある。まずは自分が味方であることをとことん示してみよう」でした。

その頃、よく衝突していた、小さな暮らしの中での様々な問題。僕の中でいかなる理由があろうとも、一旦奥さんの指示を全部聞いてみることにしました。

当時、言われたものをいくつか思い出してみますね。

元々、僕は家の中ではスリッパ派でした。でも、奥さんの要望で飼った犬が噛《か》んでしまうのでスリッパは撤去したいと言われ、犬の方が優先順位上かーい！と思いながらもスリッパを撤去しました。

今までスリッパで歩いていたからか、スリッパ無しになるとドタドタと歩いていたようで、奥さんからドタドタ歩くのをやめてほしいと言われました。

スリッパ派なのに譲ったんだから歩き方まで指示しないでよ！

家の中くらい僕の好きに歩かせてよ！

スリッパがあったらドタドタしなかったじゃないか！

という思いをグッとこらえて音の出ないようにそーっと歩く努力をしました。


洗面台の掃除の時に邪魔だからと、僕が独身時代から置いていた洗面台にピッタリの小さなゴミ箱が勝手に撤去された数日後に、奥さんが出したゴミが洗面台に放置されていました。二度見、三度見を繰り返した後に僕は冷静になり、ゴミ箱必要やったやーん！という思いとそのゴミをそっと回収し、キッチンのゴミ箱へ捨てました。

お茶を飲みたい時に、ちょうど奥さんがお茶を入れていたので、僕も飲みたいと言ったら「ウチ、人のお茶入れたりするの嫌いやねん」と一蹴されました。膝から崩れ落ちそうになりました。それくらいのこともしてもらえないのかと。わざわざ入れてくれと言っているのではなく、奥さんの分を入れているタイミングで、ついでのオーダーすら通らないのかと。これからこの人と一生をともに過ごすのムリゲーじゃない?と設定を疑いました。

が、しかし、リセットボタンを押すのではなく、自分の気持ちをリセットしました。どんな時でも自分の飲み物は自分で入れる。だけど、奥さんも必要かも知れないと思ったら、こちらからは「飲み物、要る?」と聞き、要ると言われれば入れる。要らないと言われれば「要る時は言ってやー」と言う。そう、全ては自分が味方であると証明するために。

ひたすらに従順な姿勢を見せましたが、ここで一つ注意点です。全部を完璧に奥さんの思っている通りに動きましょう、ということではないのです。一生懸命やろうとしたけど出来ないこと、頑張ったけど同じミスを繰り返してしまうことはあるのです。あくまでも、やろうとする姿勢を本気で見せ続けるということなのです。

上手く、奥さんの思い通りに変化、成長を遂げられれば最高ですが、そうじゃなくても、奥さんが納得するまでこちらの姿勢を示します。本気で努力している姿を見せるのです。どうしても無理なものは、奥さんが納得する着地点をとことん話し合いました。

すると、今まであんなにピリピリしてすぐに喧嘩に発展していた二人のコミュニケーションに、少しずつ変化が見られました。僕が受け入れて変わろうという姿勢を示したことで、奥さんも僕の要望に応えて変化しようと努力しはじめてくれました。今ではお茶も入れてくれますし、疲れていても笑って話してくれますし、めっっっちゃタイミングがハマればマッサージをしてくれることまであります。まぁ基本僕からマッサージをお願いすることはありませんが（笑）。

喧嘩をすることでストレス発散になったり、本音をぶつけることで相手をより信頼出来たりするタイプのご夫婦であれば、喧嘩をやめる必要は無いかも知れませんが、喧嘩の度に心が疲れたり傷付いたりしているのであれば、絶対に変わる努力をするべきです。

夫婦が重ねているのは時間だけではありません。心もすり合わせてすり合わせて、ピッタリと重なれば簡単には剝がれないと思います。

パートナーを味方に感じられていない方は、今すぐ行動を起こしてみてください。

HIROSHI TAMURA

12

夫婦編②

怒っても基本変わりません

HOMELESS DAD OVERCOMES DISPARITY

夫婦での約束事やお願い事が上手くいかない時、つい怒ってしまいませんか？

ずっとこうしてって言ってるやん！と……。
2、3回怒っても直らない場合は、それ以上怒っても大概直りません。なぜなら、直したいという思いよりも、怒られたことの印象が勝ってしまって、どうすれば怒られている内容を自分の中に落とし込めるかではなく、また怒られたら嫌だなぁという思いが勝ってしまうからです。
ほとんどの人はこのモードに入ると直りません。1、2回は出来たとしても必ず元に戻ります。

では、どうすれば変われる可能性が上がるのか。

それは、褒めるところを見つけることです。

人間、褒められたら嬉しいので、また褒められたいと思います。

これは本能レベルでそうなんです。本能には簡単には抗《あらが》えません。

例えば、服を裏返しで洗濯カゴに入れるのをやめて、と奥さんにお願いしても大概裏返っているとしましょう。でもたまに、意識していないかも知れないけど、裏返っていない時があったら、それを見つけて褒めましょう。

やっとやってくれたね。意識してくれたことが嬉しいと。

自分から見つけに行っても良いです。脱ぐ瞬間に立ち会う。もし裏返しのままでも怒らない。これはこうしてよ？と誘導する。次よろしくね、とお願いしておく。

次にちゃんとやっている時を見逃さないでください。やっていない時だけやり玉に挙げられたら人間は萎えます。ますます「裏返しのまま率」が上がります。

あまりにも裏返しばかりの場合は、別の何かを見つけて褒めてください。

テレビをちゃんと消して寝ること増えたね。靴を並べてくれたんや。最近、部屋を綺麗《きれい》に使ってくれているな。何でも良いです。褒めるところを見つけて褒めましょう。そして、褒めたついでに洗濯物ももう少し意識してくれると嬉しいなぁと言うのです。

この良いところを見つける意識が大事なのです。普段の出来ていないことにイライラを溜めず、やってくれたことを褒める心の余裕を持って生きてください。難しいけど必ず誰にでも出来ます。

HIROSHI TAMURA

13

夫婦編③

合言葉は「何も考えずにハグ」

HOMELESS DAD OVERCOMES DISPARITY

僕が最強にオススメしている、夫婦間のコミュニケーション最高級テクニックがあります。

それは、「スキンシップを図る」です。

そんなもん誰もがわかってるわ！

それにウチはもうそんなん出来るような空気ちゃうわ！

何言われるかわからんわ！

無理や！　無理や！　酒持って来い！

という方、落ち着いてください。

いえ、むしろ真っ向勝負です！

僕は「それでもスキンシップをしろ！」と言っているんです。

その「恥ずかしい」とか「今さら」とかを全て飛び越えていくのです。

コツがあります。それは何も考えずにハグ！

僕達の合言葉は「何も考えずにハグ！」

考えたらブレーキが掛かります。

年単位でそういうことが無い状態ならば絶対にブレーキが掛かります。

だって日本人にハグの文化なんかないし照れるし恥ずかしいですよ。そりゃ。

だからもう、何も考えずにハグをしに行ってください。

ただし注意点がございます。躱《かわ》される、拒否される、怒られる可能性があります。

その時に、照れ隠しでこっちも怒ったり、わけわからん皮肉とかを絶対に言わないでください。せっかくハグしたろうと思ったのに……とか、もう一生せーへんで……とか。

もし躱されても「ごめん、びっくりするよな、出会えて良かったなぁと思ったら愛《いと》おしくてハグしたくなってん」とか言いましょう。そしてまた、ふとした拍子にハグを仕掛けてください。

これを繰り返せばよっぽど恨まれていない限りはそのうちハグが出来ます。スキンシップが図れます。普段の会話、少し変わると思います。普段の会話も良くなっていくはずです。

合言葉は「何も考えずにハグ」。

HIROSHI TAMURA

14

夫婦編④

プレゼントは喜ぶもの以外買うな！

HOMELESS DAD OVERCOMES DISPARITY

これは、簡単なようで難しく、難しいようで簡単なことです。

奥さんの誕生日を祝うためにプレゼントを買っていますか？

買っていない人は買ってください。毎年お金だけを渡しているから良いねん、ではありません。気持ちが大事なのです。お金を渡す二人の間に出来上がった文化は大事にしつつ、安くて良いからプレゼントも買いましょう。

そして、逆にプレゼントだけは毎年頑張っているあなた。それも危険かも知れません。奥さん喜んでいますか？　買って渡したもの使ってくれていますか？　使ってくれているなら喜んでいるでしょう！　そのまま継続で！

使っているところを見たことがないのであれば、それはリアルに喜んでいない可能性がありまくりです。

自分の中の決めごとやからと、毎年勝手に見繕っていませんか？　こんなもんでえやろ？これ渡しといたら文句言わんやろ？というようなプレゼントチョイスは、女性は全部見抜いている可能性大です！　そんな感じで選んでくれても嬉しくないなぁと。女性は、日頃から私のことを見てくれていて、今必要なものや、前にちょっと言ったけやのに何で覚えてんの？というものがほしいのです。自分の趣味じゃない、旦那が見繕ったものでは喜びません！

それには明確な理由があるのです。旦那さんは俺の金で買っているからええやんと思っているかも知れませんが、奥さんからしたら二人のお金なんです。夫婦のお金は二人のものなのに、ほしくもないものに使われたら嫌なんです。そこそこ気持ちがこもっているくらいのプレゼントでは、無駄遣いの気持ちが勝るんです。

田村家では、奥さんのほしいもの以外は買わないのが暗黙のルールです。化粧品とアクセサリーだけはよっぽど高くない限りは喜んでくれます。服は好みがあって難し過ぎるので買いません。ちょっとしたお土産くらいでも、食べないものを買って帰ったら怒られます。「こっちの気持ちやねんから喜べ」はもう古いんです。財布の金が減っているんです。それなら、そのお金ちょうだいって奥さん側は思っています。そのあたりを汲《く》み取り理解した上で、二人のストレスフリーな関係性をしっかりと築きましょう！

HIROSHI TAMURA

15

夫婦編⑤

口喧嘩に勝ったら勝ちではない

HOMELESS DAD OVERCOMES DISPARITY

こんなことは常識でしょうか。

もしかして、気付いていなかったのは、アホの僕だけでしょうか。

ほとんどの方はわかっているかも知れませんが、仲間が居るかも知れないので一応書いておきますね。

他人同士である夫婦が、一緒に「幸せな家族」というとても難しい目標に向かって生活をしていく時に、ある一定の衝突は起こるはずです。

そもそもどちらかが大胆に惚《ほ》れきっているとか、完全な力関係があるとか、何かお金やセックスなどで完全に満たされているから他のことは我慢出来る、もともと人と衝突しない性格、マジで相性が完璧、以外は基本どこの夫婦も衝突しているはず！　してなきゃ嫌だ！　大多数はしてるはず！　そうですよね？　そうだと言ってください。お願いです。お願いですから!!　ハッ……すいません。取り乱しました。

我が家以外にも、衝突しているご夫婦がいる前提で進めさせていただきます。衝突した時、口喧嘩が起きます。口喧嘩に勝った方は満足します。そして勝ったのだから、今後はそれがルールになっていくと思ってしまうはずです。

でも、そこに落とし穴があります。

口喧嘩に勝っても、二人が納得してルールが定まったわけではないのです。その証拠に、口喧嘩って再発しません？　だから前にも言ったやろ！とか言うハメになることはありませんか？

口喧嘩に負けた時、本当に相手が言っていることに納得して負けを認めることは少なくて（納得して負けを認められるのは「口喧嘩」というより「冷静な話し合い」な気がします。口喧嘩となると冷静さを欠いて感情的になってしまいますよね）、その場では勢いや切り出すカードの数や口のうまさ、相手の弱点を握っている、シンプルに体調が良くて元気など、様々な条件で勝敗がついているだけで、納得していないことの方が多いです。だから再発するんです。勝った方は勝ったからそれが通ったと思っているのですが、むしろ相手にとっては、余計なストレスの原因として遺恨が残ってしまうんですね。

「負けるが勝ち」なんていう言葉もあるくらいですから、勝ちの落とし穴には本当に気を付けたいですね。本当に理解してほしい内容であればあるほど、口喧嘩ではなく、冷静に相手の立場も考慮して話すようにしましょう。

その時に残ったシコリが、気付いた時には手に負えない硬さになってしまうことは往々にしてあります。人間の恨みって怖いですよ。

HIROSHI TAMURA

16

夫婦編⑥

自己満足に気を付けて

HOMELESS DAD OVERCOMES DISPARITY

「夫婦編④　プレゼントは喜ぶもの以外買うな！」（73ページ）にも通ずる話です……。

これをやっちゃってる人、結構居ると思うんですよね。

特に男性に多いと思います。僕もそうなんですが……。


例えば、結婚記念日にプレゼントを買って渡しているから、自分はちゃんとしているって思っていたりしませんか？

記念日を忘れずにやっているから良い旦那だよね？みたいな。

または、休みの日にご飯を作って、家族に時間を使っているから頑張っているよね？評価に値するよね？とか。

さらに、夜何時に帰って来ても、子供の送りだけはちゃんと朝起きてやってるんですよ！とか、ゴミ捨ては僕の当番なんでずっとやってます！とか。


プレゼントを渡したり、家事をやったり、休日を家族に使ったり。

全てとっても素晴らしい行動で偉いんですが、自分の中では10ポイント入っていても、奥さんも同じ評価とは限りません。

ここに気を付けて、ポイントが揃うようにしておく、価値観を共有しておく、ということが、夫婦や家族にとってとても大きいことのような気がしています。

結婚記念日に、一生懸命選んだネックレスをあげたとしましょう。

これはめっちゃポイント稼げますよね。カップルの時の記念日で同じような行動をしていたら、こっちが10ポイントだと思っていても、相手は20ポイント入れてくれている、なんてこともあるでしょう。

しかし、結婚して毎年のことになり、旦那さんのプレゼントセンスに信用が無ければ、せっかく時間とお金を使ってプレゼントをしても、喜んでもらえない可能性がございます。一生懸命やっておられるのに申し訳ありません。奥さんが前々からほしいネックレスでもない場合、夫婦の財産である大事なお金を使って、要らんもん買ってくるなよ、とポイント加点どころか、むしろ減点されている可能性すらあります。

旦那さんが気付いていないだけで、奥さん側は、もう大丈夫やでとか、ご飯でも十分やでとか、それとなく言っている可能性もあります。しかしそれにも気付かず、毎回喜んでほしい気持ちやサプライズ好きのテンションMAXでプレゼントしている場合は、奥さんはもう諦めていることでしょう。これは100％減点対象です。奥さんからしたら、ごく稀《まれ》に嬉しいものの時もあるし、その行動自体は嬉しいところが歯《は》痒《がゆ》いですね。

相手がほしいものをプレゼントしてはじめて、ポイントを稼ぐことが出来ます。自分勝手に選んで、ほら、俺、ちゃんとやってるやろ?という自己満足は危険です。奥さんがめっちゃサプライズ好き、家計を一切心配しなくていい大金持ちなど、これに当てはまらないケースももちろんあると思いますが……。

最高得点を叩《たた》き出すためには、普段の会話や行動から奥さんがほしいものを導き出し、生活のリズムやスケジュールの中で、邪魔にならないタイミングでサプライズで渡すのがベストでしょうか？　この考えですら、女性からしたらズレまくっていたりするんでしょうか？

僕は予想を大胆に外して、奥さんがほしくないものを、予定が詰まっている一番イライラするタイミングで放り込んでしまう自信があるので、もう勝負はしません。これは喜んでもらえるなぁとそこそこ自信があるものでも、奥さんにほしいか確認してから、驚きも何もないタイミングでシンプルに渡します。減点にはならないやろう、くらいのラインでプレゼントや買い物を頑張っています。

家事でも同じことが言えるようです。

家事というのは何でも手伝えば良いってものじゃないって知ってましたか？

奥さんがやってほしい家事の順位ってものがあるんですって。

洗い物が「奥さんのやってほしい家事ランキング」の上位でなければ、どんなに洗い物を頑張っても大してポイントは稼げないらしいです。もちろん助かるのは助かるみたいですが。

ご飯も作ってほしいタイミングがあるようです。
昨日の残りものがあって、今日の晩ご飯は困らんなぁ、と奥さんの中で計算が立っているところに、休みやからって張り切ってこれ見よがしに5品くらいおかずを作ってみてください。この残りものはどうすんねん、いつ食べんねん、と嬉しさの中にイライラも発生してしまいます。

少ない時間で効率良くポイントを稼ぐには、奥さんが一番めんどくさいと思っている家事をやることです。奥さんが何が嫌で、一番のストレスになっているかしっかり把握しておいて狙い撃ちしましょう！

この書き方だと、少ししかやりたくないようなニュアンスがあって鼻につくかも知れませんが、ピンポイントの家事でやった気になって自己満足していると危ないですよ、という話ですからね。そりゃあ家事をやれるだけやって、奥さんの負担を減らせるだけ減らせるのが理想ですからね！　だって家事は夫婦の仕事なんですから！　絶対そうです！　そうに決まってます！　それがもちろん僕も理想ですよ！

でも現実問題、仕事から帰って来て、家に居る時間もずっと動き続けるのは僕には無理でした。睡眠時間も心や脳を休める時間もしっかり必要なタイプでした。なので僕は奥さんにそれを伝えて、お互いに支え合って良いバランスが取れていると思っています。

これで来年、僕が離婚していたら、言うてるお前が全て自己満足やったんかい！と笑ってください。

HIROSHI TAMURA

17

夫婦編⑦

今のところ当てはまらない夫婦を見たことがない

HOMELESS DAD OVERCOMES DISPARITY

これはあくまで僕の肌感覚なので、大的外れの可能性がございます。予《あらかじ》めご了承ください。

でもきっと、共感してくださる方もたくさんいるのではないでしょうか？

もし共感してもらえたら伝書鳩《でんしょばと》でも飛ばして連絡ください。

茶色い煙の狼煙《のろし》をあげてお返事させていただきます。


夫婦は見た目や性格、考え方などが大いに違っても、心の骨格と言いましょうか、心の奥底に流れている温度感みたいなものがなぜか似ていると感じます。

「似たもの夫婦」なんて言葉もありますが、それで言うと、今まで出会った夫婦は漏れなく心の奥底で似たもの夫婦ばかりです。例外をしばらく考えたのですが思い付きませんでした。


生まれも育ちも性別も違うので、趣味嗜好《しこう》など違いはありまくりなんですが、なんか価値観の核の部分。「核価値観」みたいなものが似ているんですよね。

本当に怒るラインとか、世の中の出来事を見る角度とか、ある一定の笑うツボとか。これという明確なものが無くて申し訳ないのですが、どうしても感じるんです。元々似ているから惹《ひ》かれ合うのか、一緒に居るうちに似てくるのか、その両方か……。もしかしたら夫婦じゃなくても、この世に生きる人間ほとんどにそういう部分はあるけど、比べる機会が圧倒的に夫婦が多いだけのことなのかも知れませんが、なんせそういう共通の「核価値観」みたいなものを感じるんです。

何が言いたいかというと、喧嘩したり嫌になったり不満を感じたりして、相手に嫌気が差すことがあると思うのですが、概《おおむ》ねどっこいどっこいなことが多いよ、ということです。たまたま自分が先にその不満を感じただけで、遅かれ早かれ同じようなことが相手にも起きる可能性はあると思うのです。

相手の親族に金を騙《だま》し取られたとか浮気とか、一発でもう継続は無理というような出来事もあるとは思いますが、そうじゃない場合は、たまたま先に起こっただけという捉え方もあり、そう思っていればそこまで腹も立たないし、理解し合えるし、もっと良い関係を築けると思うんです。

今、パートナーに不満を持っているあなた。もう一度落ち着いて考えてみてください。相手の嫌なところばかりが大きく見えて、自分のあかんところはスルーしていませんか？　不満が爆発して関係を終わりにして、次の相手を見つけたとしても同じようなことが気になり、同じようなことで不満が溜まり、同じような時間を過ごす可能性は大いにありますよ。加齢にともない価値観が変わり、上手くいくこともありそうですが、そうならば相手を変えなくても時が経てば上手くいくでしょう。

別に離婚すんなとか、別れんなとか、そんなことは言いませんが、相手を変えてみてもさほど変わらない可能性もあると少しでも感じるのであれば、今一度相手の良いところにフォーカスを当ててみましょう。自分の足りないところを許してくれたり補ってくれたりしているのであれば、最初にその人を選んだ自分の感性を信じてあげるのも良いかも知れませんよ。

時間の無駄になることもあるでしょう。結局上手くいかないこともあるでしょう。それでももう一度見直す機会になり、それで上手くいって良かったというケースもあると信じて、この話をここに記します。

上手くいった二人もあかんかった二人も、一度でも関係を築いたこの世の全てのカップルの経験が、人生においてプラスのものでありますように。

HIROSHI TAMURA

18

夫婦編⑧

家は奥さんの城

HOMELESS DAD OVERCOMES DISPARITY

これはＤＮＡに組み込まれているのでしょうか？
大昔の時代からテリトリーの意識みたいなものがあって、進化を経て現代人になった今でも引き継がれているのでしょうか？

男性より遥かに女性の方が家の環境に拘《こだわ》る気がします。
僕のマンションで同棲《どうせい》をはじめたにもかかわらず、インテリアに不満を言ったり飾り物を勝手に片付けたり、厚かましいなぁと思ったのですが、他の人にも話を聞いたら、僕以外にもたくさんの男性がパートナーから言われていました。

男性は職場などもテリトリーと考えるから家だけに拘らないのか。女性の方がシンプルに家に居る時間が長いことも関係があるのか。女性の方が家庭に対する思いが強く、自分の快適さを求めるのが理由なのかはわかりませんが、家は奥さんの城なのだなと感じることがあります。

なので、家の中のものを奥さん好みに一緒に変えてみるのはどうですか？
夫婦のめっちゃ楽しいコミュニケーションが増えるかも知れませんよ。
インテリアを見に行ったり食器を買いに行ったり。
男性が思うよりも家庭の空気が良くなるかも知れません。

第3章

人生編

ポジティブは自分で作る

HIROSHI TAMURA

19

人生編①

「明日、死ぬかもわからん」を有効に使う

HOMELESS DAD OVERCOMES DISPARITY

「明日、死ぬかもわからんと思って生きろ」

居酒屋さんのトイレに貼ってある「親父《おやじ》の小言」みたいなやつによく書かれていたりする言葉です。あれって男性トイレでよく見るけど、女性トイレにも貼ってあるのかな？　女性トイレには「おかんの小言」が貼ってあったりするのかな？　そういえばちゃんと確認したことないなぁとかどうでもいいことを言うとりますが、「明日、死ぬかもわからんと思って生きろ」という概念は素晴らしいものだと僕は思っています。

僕は前々から、みんな命に自信を持ってるよなぁって感じています。

表現が難しいですが「すぐに死なない前提で生きている」と言いますか……。

ざっくりと、近くない未来の現象として、死を輪郭だけ見ていると言いますか……。

死がリアルじゃないと言いますか……。

まぁリアルじゃなくていいし、その方が価値観として素敵かも知れませんが……。

もちろん、明日死ぬかも知れないと、ギリギリで生きていらっしゃる、命燃やしまくりの方もいるとは思うのですが、余程のご高齢でない限りは、大半の方はぼんやり先のこととして死を捉えている気がします。

僕は、普段乗らない乗り物に乗って大きな移動をするとか、命に関わるような特別な場所に行かなくても、日常は死と隣り合わせだと感じています。本当に残酷に呆気《あっけ》なく突然訪れるもの……それが死だと思っています。

それくらい僕は、命というものを信用していません。

そこでこの「明日、死ぬかもわからん」という概念に戻ります。

この言葉を心の底から受け止めれば、日々とても良いコミュニケーションが取れると思って僕はやっています。

本当に明日死ぬかも知れないと本気で考えていると、日々の言葉が変わってきます。明日死ぬかも知れないのに、喧嘩や憎まれ口を叩いて人と離れたくありません。喧嘩したり腹が立ったりした時に、相手が誰であれどちらかが明日死ぬかもわからん、もう会うのがこれで最後、最後の言葉がこれになるかもと思ってみてください。

少し落ち着くことができ、冷静に言葉を選べると思います。それを繰り返していると、良いコミュニケーションが増え、自然と日々の使う言葉が変わり、なかなか喧嘩には発展しにくくなります。

死ぬことを想像するのは辛《つら》いですし、難しいことかも知れませんが、全ての人に必ず来る死を少しでもポジティブなものに変えて、有効活用してみるのはどうでしょうか。

HIROSHI TAMURA

20

人生編②

恩師に教えてもらった言葉
「亡くなってからでも出来る親孝行がある」

HOMELESS DAD OVERCOMES DISPARITY

これは拙著『ホームレス中学生』にも書きましたが、小学生の時に母親が他界して、そのことを受け止めきれず、いつか母親が帰ってくるかも知れないと、無謀で幼稚な現実逃避をしていました。

中学生になり、やっと現実を知り、母親にもう会えないことを自覚するとやる気を失い、生きる気力が湧かなくなりました。

高校生になっても、いつ死んでもいいやと投げやりに生きている僕。

恩師の目にどう映ったのかもはや確認する術《すべ》はありませんが、たまたま放課後の教室に一人で居ると、恩師が話しかけてきてくれて、最終的に「手紙を書いて来る」と言いました。

あの時あの方に出会っていなければ、僕の人生はどうなっていたのかと思います。

もしかしたら、今も下を向いて生きていたかも知れません。

その人は国語の教師で、とても言葉を大切にしていました。そして五人の子供を育てる母親でもありました。その人は僕（だけではありませんが）と接する時に、教師と生徒ではなく、大人と子供でもなく、人と人として接してくれました。子供ながらにこんな大人も居るんだとびっくりしたのを覚えています。

その恩師の手紙が、僕の人生の価値観を根底から覆してくれました。

その手紙に書かれていた言葉。

「亡くなってからでも出来る親孝行がある」

きっと田村君のお母さんは、今も田村君のことを見ている。

ずっと心配でずっと見守っている。

その田村君が生きる目的が無いと言えばお母さんは悲しむと思う。

前を向き、人生を満喫し、産んでくれてありがとうと言える人生を送る。

それこそが今からでも出来る最高の親孝行だと思う。

と書かれていました。

衝撃が走りました。もうお母さんには会えない。お母さんのために出来ることは何も無いと思っていたので。今からでもお母さんのために出来ることがあるとわかった瞬間から、生きたいと素直に思えました。誰よりも人生を満喫して、いつか最期を迎えた時に、お母さんに会えたら感謝の言葉を伝えるんだと決めました。

誰よりも濃くて大きい「ありがとう」を伝えたい。

自分が何年生きられるかはわかりませんが、自分の人生の全てを、1分1秒を満喫したいです。

辛いこともたくさん起こるのが人生ですが、それも含めて乗り越えて行きたい。

今はそう思って生きています。

HIROSHI TAMURA

21

人生編③

ポジティブは自分で作る

HOMELESS DAD OVERCOMES DISPARITY

頭の中で思うことをポジティブにする。

そのためにはひたすらポジティブな言葉を吐く。

咄嗟に出る言葉を変える。


皆さんは、どういう時にポジティブな気持ちになるでしょうか？

どういう時にネガティブな気持ちになるでしょうか？


生きていると色んな出来事が起こります。

人の死や別れ、体の痛み、心の傷……。

ですが、全てのことは、いずれ忘れるし、思い出しても一日のうちで何回かだけとか、数日に1回とかになっていきますよね。


あれ？　死ぬほど落ち込んで人生真っ暗で自分がこの世で一番不幸と思い、他人に当たってしまったり不機嫌に過ごして心の中を不満でいっぱいにしたり、人に話しかけられても愛想良く返事出来なかったりしたのに、今はそのことをほとんど忘れている。一日を過ごす中で思い出すことはほとんどない。

出来事は忘れてしまうのに、その時の態度の悪い僕に接した人には、悪印象だけが残る。そういう時の悪印象を忘れない人、居ますよねー。怖いですよねー。
その時に吐き出した汚い言葉が、悪印象として自分に残る。
悪いものって根付きやすいですよねー。怖いですよねー。

これってめっちゃもったいないやん！

って思いました。
いつか忘れてしまうのに、必要以上に落ち込んだり、他人からの評価を下げたりしないように、頭の中でポジティブに変換してしまいましょう。

HIROSHI TAMURA

22

人生編④

アドバイスは本気でしといた方が良い

HOMELESS DAD OVERCOMES DISPARITY

生きていると、誰かにアドバイスをすることがあります。
後輩が一番多いと思うけど、家族や友達など、誰かにアドバイスをする、した方が良い時ってあると思います。

その時に、偉そうに聞こえたら嫌だからとか、求められていないからやめておこうとか思うかも知れないけど、相手に聞く姿勢がありそうならば、全力で向き合ってその人のために脳みそを使いまくってぜひアドバイスしてください。

「偉そうに聞こえたら申し訳ないんだけど……」とか「求めてなければ聞き流してほしいんだけど……」とか断っておけばそんなに嫌がられることはないと思うし、相手が困っていることだったら、お願いします！となると思います。

なぜかと言うと、アドバイスは他人のためにしているんだけど、自分から出てくる言葉なので、本気であればあるほど、いつか自分が困った時に一番当てはまったりするのです。

まさか、まさかです。

他人のためだったはずの言葉が、結果的に自分を救うなんて。


子供のために買ったオモチャで自分の方が遊んでる、みたいな感じでしょうか？

両親への親孝行のために本気で旅行のプランを相談しているうちに、そのプランナーさんと恋に落ちる、みたいな感じでしょうか？

お腹が空いているチャーハン大好きな友達に、渾身《こんしん》のチャーハンを作ってあげたら喜んでくれたけど、後から食べたら美味しくて友達より自分の方が喜んだ、みたいな感じでしょうか？


段々とわかりにくくなる例えを出しましたが、他人のために発した言葉達が、いつか自分を救うこともあるよ、ということです。

ただし、そのためには本気でなければなりません。
適当に発したアドバイスは未来の自分には刺さりません。
本気の本気の言葉は自分が壁に当たった時に「激刺さり」します！
まずは誰かを救うために本気でアドバイスしましょう！

そしてお願いです。
良い例えを出す方法を誰か本気で僕にアドバイスしてください！

HIROSHI TAMURA

23

人生編⑤

人生を満喫するための最強の要素は「継続」その次は「プレゼン」

HOMELESS DAD OVERCOMES DISPARITY

人間、生きていると、色々な目標が出来る。夢も持つ。
夢がどうやったら叶うのかは僕が教えてほしいけど、大き過ぎる夢は諸刃《もろは》の剣かなとも思います。大き過ぎる夢は叶った時に、味わったことのない脳汁をブッシャーと浴びて、それが脳に鮮明に刻まれて、その後の人生に大きな影響を与えるかも知れません。それは最大に不幸な出来事となってしまうかも知れないのです。

大きな夢は置いておいて、僕が大事にしたいのは小さな夢です。頑張れば叶えられる小さな夢をたくさん持って、たくさん叶えて、たくさんチャレンジするのが一番良い人生なんちゃいまんの？なんて思ってしまいます。すいません、なぜか急に濃い関西ノリが出てしまいました。夢を大事に思うあまり「夢を掴《つか》む人」という言葉の頭文字を取って「Y.O.T.H」（ヨース）という服のブランドまで作ってしまいました。

そして小さな夢を叶えるのに最高の能力は「継続」だとつくづく思うのです。何事も継続するのが本当に大変です。体型維持もそうですし、語学や資格、何かの技術を磨くなど、上手くなりたいなぁとか、あの人みたいになりたいなぁとか。叶えるためには継続が本当に大事です。常に自分の全力が出せていなくても継続しておけば、スイッチが入った時に急激に夢に向かって進んだりします。逆に継続が出来ないと、一時的に夢が叶ってもその後に反動が来てしまい、結局あの夢のような日々は何だったんだ、となってしまいます。

ダイエットが最たる例だと思うのですが、一時的にめっちゃストイックにやって痩せても、結局リバウンドしてしまったらアホらしくないですか？　あんなに頑張ったのにと……。一時的なゴールがある場合は別です。結婚式だとか誰かと勝負するとか。そうでない場合は、ダイエットは長く継続出来るものを延々とやり続けて、一生を掛けて付き合っていくべきだと思っています。

それが一番自分の体も大事にしつつ、結果も求められると思うんです。夢を叶え続けられると思うんです。とか言いながら太ったり痩せたりを繰り返して、現実は厳しいこともわかっている田村です。でも激太りや鬼リバウンドは避けられています。リバウンドはバスケの方で頑張ります（笑）。

語学勉強も一時的にめっちゃやって、その時は話せるようになっても、一度その言語から離れてしまうと、結局話せなくなってしまうということもよく聞きます。やっぱり継続しかないんですよね。ほんの少しでもいいから、コツコツと継続するのが一番良いんですよね。

夢には様々な形があるので、継続の仕方もかなりのバリエーションがあると思いますが、なんせ好きなものや拘りたいもの、上手く付き合いたいものは全て継続が鍵です。緩くてもいいから続けて、それが当たり前という環境を作り、スイッチが入った時はペースを上げる。熱が冷めてもやめずに継続。それが最強です。

そして、その次に大事なのはプレゼン。アウトプットだと思います。

良いことをしていても、良いことを言っていても、良い人と結婚しても、プレゼン、アウトプットが下手だと上手くいかないんです。良いものを、伝えたいことを、そのまま伝えればいいんです。必要以上に伝えなくていいんです。

プレゼンが上手いと、大体のコミュニケーションが上手くいきます。人とのコミュニケーションには、プレゼン要素が多く含まれます。自分の好きなものに対して誰かに共感してもらう。プレゼンで伝える技術はかなり重要なんです。

継続とプレゼン、少し意識してみてください。

人生の満足度が爆上がりするかも!?

HIROSHI TAMURA

24

人生編⑥

嫌いなものを プレゼンするのは 難しい

HOMELESS DAD OVERCOMES DISPARITY

前項でプレゼンが重要だと書かせてもらいましたが、その上でもう一つ意識してもらいたいことがあります。

それは「好きなものの方が遥かにプレゼンしやすい」ということです。

例えば、あなたが嫌いな食べ物をイメージしてください。仮に納豆としましょう。納豆を嫌いなあなたが、納豆の良いところを人にプレゼンしてくれと言われても難しいと思います。納豆の魅力を知らないのに良いプレゼンをするためには、かなり勉強して予備知識を持っておくか、詐欺師ばりの話術で適当に喋り切る技術を持っていないと難しいと思います。

逆に納豆が大好きであれば、良いプレゼンが自然に出来ると思います。ほかほかご飯に乗せるだけで、あんなに簡単にご馳走《ちそう》になるので魅力たっぷりですよ！栄養価も高いし、味も濃くて独特の香りがクセになるんですよ！タレをかけてよく混ぜるだけでも美味しいけど、味変のバリエーションもとてつもないんです！卵黄を混ぜてネギを乗せてタレをかけるだけでも最高ですよ！とたくさん良いところを勧めることが出来ると思います。

好きなものの方が、圧倒的に良いプレゼンが出来るんです。

そこで、前項の話に戻ります。

人生では常に自分をプレゼンしなければいけません。初対面の人と友達になる。仕事の採用面接。好きな人を口説く。全て自分のプレゼンです。自分のことが嫌いだと良いプレゼンが出来ないのです。自分で自分のことを好きになり、自分の良いところを把握しないと良いプレゼンは出来ません。リアルに自分のことがちゃんと好きなのが一番（過度に自分が好きだとマイナスなこともありますが今はそこはスルーします）ですが、心の奥底では自分のことがあんまり好きでなくても仕方ないと思います。子供の頃や環境で肯定されることが少なければ、自分で自分を評価することは難しいです。

それでも自分で自分を許し、愛し、認めるのです。そして確実にある自分の良いところを一つ一つ認識して伸ばしていくのです。

それが人生を楽しく上手く生きるコツだと僕は考えます。

私はネガティブやから無理、と思ったあなたは今すぐは無理かも知れません。

それでは、次項でネガティブをポジティブに変える話に続きます。

HIROSHI TAMURA

25

人生編⑦

ネガティブな性格なんて無いと僕は思っています

HOMELESS DAD OVERCOMES DISPARITY

僕は「ネガティブな性格」なんて無くて、ネガティブな思考が根付いているだけだと考えています。

私、ネガティブだから、とか言う人が居ますけど、それは性格ではない可能性が大いにあります。今までの人生で何度も何度も「性格」と言われてきているので、「田村は何を言ってるんだ!?　だから川島（明）とこんなに差が開くんだよ！　格下格差芸人が！」と思うでしょう。でも根気のある方はここを飛ばさずに、僕のことも見下さずに読んでください。無理でしょうか……？

ネガティブな思考に行き着くには、いくつか理由があるのかなと思います。

まずは当たり前に嫌なことがあったり、ネガティブなことが起きた時。

・昔から誰かに怒られ続けている
・決定的に自信を失っている

・ネガティブに考えた方が上手くいかなかった時に傷が浅く済む
・周りの誰かがネガティブで自然と影響を受けている
・ネガティブな発言をしているとかまってもらいやすいことがある
・「陽キャ」に普段イラッとするので逆張りしている
・「結果を求めていない」という設定に甘んじている
・ネガティブをやらない理由に使っている

などなど、その他のシチュエーションでも様々なネガティブ要因はあると思います。今、ここに漏れなく書き出すことは出来ませんが、なんせ多くの理由があるということです。

では、温泉と美味しいご飯が好きな人が、満足のいく美味しいご飯を食べて温泉に入っている時に落ち込むことって可能でしょうか?

お金がほしい人が、宝くじで１００万円当たったことがわかったタイミングで落ち込むでしょうか？　うわ、最悪や、１００万円当たった……って言います？

前後に何か別の要因がない限り、その状況で落ち込めますか？　誰かに取られるかも知れないとか、労せず金を得たことで今後の労が苦しくなるとか、全部借金の返済に充てるとか、別の要因がない限り落ち込まないはずです。

逆に、事故ったタイミングで喜べる人はいますか？
めっちゃ腹が痛い時に友達をカラオケに誘いますか？
町でコケた時に、よっしゃ！今この世で一番体勢低いかもって喜びますか？

ということは、人間は嬉しいことがあったらポジティブモードなんです。嫌なことがあったらネガティブモード、さらにこれまで生きてきた習慣によって、自分で勝手にネガティブに着地しているだけなのです。性格ではない可能性が大なんです！

そこに人生を楽しく生きるヒントがあるのではないでしょうか。

次にやらなければいけないことは、何に喜びを感じるか、どうやったら自分をポジティブモードに持っていけるかなのです。自分の機嫌を自分で取れるか、ということになってきます。

HIROSHI TAMURA

26

人生編⑧

何に喜びを感じるか

HOMELESS DAD OVERCOMES DISPARITY

これは、人生の価値観の話になります。

無いものねだりをしていませんか？

喜びの多い方は捉え方が全く逆です。あるもので満足します。手の届くもので満足している方は不平不満を言いません。

ロケで街頭インタビューをしていて、面白い映像を作りたくて不平不満を言わせようとパスを出しますが、こんなに恵まれているのに文句を言ったらバチが当たるわ！とおっしゃる方がたまにいらっしゃいます。じゃあその人がそんなに恵まれている人生なのかというと、失礼に聞こえるかも知れませんが、皆さんとさほど変わらないのではと感じます。皆さんと大差ない苦楽を味わう人生だと推察します。

毎日が楽しくないわ、どっか旅行にでも行きたいなぁと、日常と旅行の楽しさを比べていたら、そりゃあ旅行の方が楽しいので、毎日の方は楽しくなく感じてしまうと思います。

その日常がどれだけ恵まれているものなのかを、改めて感じてほしいです。毎日同じ仕事があることはとても幸せなことです。自分で晩ご飯のメニューを選べることはとても幸せなことです。布団やベッドで自分の寝る場所が確保されているなんてヤバいくらい恵まれています。

仕事があることの幸せを感じなくてはいけません。本当に働きたいのに働けない人はたくさんいます。値段はさておき、自分で食べたいものを選んで食べられることは絶対に幸せなことです。それら全てに感謝して、自分が成長していく糧にするのです。そして満足していくのです。

母親が他界して、この世で一番不幸なのは僕だと考えた時期もありました。その時はさすがに落ち込みました。誰かが他界した時にまでポジティブでいろとは言いません。でもいつまでも落ち込んでいてはいけないのです。他界した愛すべき人を安心させるためにも、新たな幸せ、喜びを見つけて人生を楽しんで、前を見て生きていかなければならないのです。大好きな人と一緒に過ごした時間に感謝して喜びを感じましょう！　離れてしまった悲しみにいつまでも打ちひしがれていてはいけないのです。

コンプレックスについても同じです。

僕は芸人なのに滑舌が悪いです。それをいつまでもネガティブに捉えて落ち込んでいてはいけないのです。最大限に努力はしつつも、それでも出来ないのなら、落ち込むのではなく「味」としてそんな自分を許し認めるのです。周りは案外、最初からそんなことはわかっていて、噛まずにペラペラ喋ることは望んでいない、ということも多いです。それなら最初から噛まない人をキャスティングします。でもここまで噛むとは思わんかった、なんてケースもあるでしょう！　それも良いじゃない！　人生なんだからミスもあって良いじゃない！　出来なかったと落ち込む夜も愛そうじゃないか！　出来なかったと次の日も落ち込んで現場に来られても、昨日のスタッフさんが居なかったら意味わかりませんよ。次の日のスタッフさんからしたら、ただ落ち込んで現れた心の不安定なやつですよ。

そんな自分も許し、次の日には切り替えて気持ちをフレッシュにしてこそ、毎日を楽しむことが出来るのです！　嫌なことがあっても良い部分を見て切り替える。嬉しいことがあったら素直に喜んで少しでも長くそのことを喜ぶ（周りへの嬉しいアピールをするのは適量で）。

「あるもの満足」

今ある全てに喜びを感じ、あるもので満足していく。

それが、「いつも機嫌の良い自分」への近道だと僕は思うのです。

HIROSHI TAMURA

27

人生編⑨

全部自分理論

HOMELESS DAD OVERCOMES DISPARITY

この話は極論ではあるので、臨機応変に判断をお願いします！

反論は受け付けていません（笑）。

どうぞ、読み流してください。


本当にかなりの極論なんですが、世の中で起こる出来事の原因は「全部自分」という考えを持っていた方が、怒りの矛先が他人に向かなかったり、無駄にイライラすることを回避出来たりするんじゃないか？という提案に近いものです。

個人的には体験もありまして。

そもそもこの考えに至ったのは、コンビやトリオ、またはピン、それ以外もありますが、お笑い芸人の活動の中で感じたことがはじまりでした。


皆さん忘れているかも知れませんが、実は僕は「麒麟」というお笑いコンビなんです。なので、コンビベースで話をさせてもらいます。

例えば、お笑いコンビが解散というかなりショッキングな出来事があるとします。

この解散という出来事がコンビ間に起きた時に、若い頃の僕は、どちらが悪いんだろう?どちらかが気難しい性格で解散したんだろうか?などと考えていました。

しかし、歳を取ってくると、その考えに変化が起こりはじめました。

コンビ間で起こったことは、全てコンビの責任なのではないか?

芸人が解散したりお笑いを辞めたりするには、様々な理由があります。もちろん家庭の事情や体調不良など、不可抗力的に仕方がないものもあるのですが、基本的にはどこかに予兆や変化があったりするはずで、それに気付いて対処したり話し合ったり出来れば、防げたものもあるのかなと思うようになりました。

たとえ、片方が一方的に何かに我慢が出来なくなり、一方的に解散の意思を突き付けたとしても、その前の細かな変化に気付き、話し合えなかったという部分を考えれば、二人の出来事なのかなと。

（注）特定のコンビの話をしているわけではありません！

例えば、片方が一人で酒を飲み、泥酔してトラブったとします。ただただ酔った方が悪く、その場に居なかった相方には基本、何の非もないのですが……。それでもほんの数パーセントは、日頃の生活態度やお酒の飲み方、ストレスの溜まり方を見極め、注意喚起が出来ていれば起こらなかった可能性もあるのかな、と考えるようになってきたのです。

さらに極論。これはコンビの話ではないですが、人生で事故に遭う、天災に遭遇してしまうことすら、そこに居たのは自分で、居ないことも選択出来たと思えば、自分のせいだと判断出来なくもないなと思いはじめました。

何も私のような顔面土色ボーイが、聖人君子のように生きましょう、などと説いているわけではありません。

ただその発想が少しだけあれば、人生にほどよい諦めの精神が持て、未然に防ぐ意識が持て、様々なことに今よりも楽に向き合えませんかね？　どうでしょうか？　ってもはや相談みたいな感じの話です。

例えば、急いでいる時に並んだスーパーのレジ。レジ打ち係の方が鈍臭くて自分の列だけ進んでいかない。今までだったら店員さんに腹が立っていたものを、作業の速い・遅いは誰にでもあることだし、その匂いを嗅ぎ分けられずに、その列に並んだ自分が悪いと発想を転換出来れば、イラつくことを回避出来る可能性が出てくる。

どうせ待つなら人間観察して面白エピソードの一つでも見つけたろうとか、ちょうど考えなあかんかったことを頭の中で進めるチャンスやとか、買い忘れがないかもう一度確認するチャンスやとか、有効利用タイムに変換してしまえばイラつきは抑えられるわけです。イライラは連鎖するので、そこでイライラしなければ、その後もイライラすることは減るはずです。

もし、「レジ打ち、おっそいのー！　鈍臭いのー！」なんてイライラして家に帰ったら、晩ご飯の支度をしたいのに子供達にやたら話しかけられて「今話しかけんといて」って言うてもうたり、連絡も無く遅く帰ってきた旦那さんに嫌味を言うてしもたり、別のイライラが発動してしまうかも知れません。

そんなん無理や！って思う人は無理かも知れません。

やってみようかな！と思ってくれた方がいたらぜひ試してみてください。

「全部自分理論」。極論過ぎますが、僕はこれでかなりイライラが減りました。

しかし、この「全部自分理論」を実行していくには一つだけ注意点がございます。

次項で詳しく説明します。

HIROSHI TAMURA

28

人生編⑩

何が起きても落ち込まないでほしい

HOMELESS DAD OVERCOMES DISPARITY

人生は元々、良いことだけが起こるものではない。

ちょっと大袈裟《おおげさ》に言うと、僕の計算では、人生の7、8割はしんどいこと。

残りの2、3割でハッピーなことが起こるもの。

それが人生だと思っています。


幸福感は人それぞれです。

各項のタイトルから、僕が元々とてもネガティブな人間であることがあふれまくっているかも知れませんが、それでも言いたいんです。


基本、しんどいことが多めに起こるのが人生だと思っていてほしいんです。

基本、しんどいことが起こるものなので、もしも自分にしんどいことや不幸なことが起こってしまったとしても、それは自分が恵まれていないのではありません。人生とは元々そういうものなのです。だから、落ち込んだり悩んだり苦しんだりする必要はないんです。

私の人生って何でこんなことばっかり起こるの？

何で僕ばっかり！

とか思わないでほしいんです。


はっきりと言います！

「誰の人生もそんなもん」


です。

私の人生って大事な日に雨ばっかり降るわとか、大好きなアーティストのコンサートにやっと行ける日に限って電車が遅れたりするとか、頑張らないといけない日に限って体調が悪いとか。

まぁそんなもん全部、「あるある」です。誰の人生でもよくあることです。ビリヤード台みたいなテーブルに座り、多面体のサイコロを振って、自分の名前が出てその話をしたら、そんなん誰にでもあるやろ！で片付けられてしまうでしょう。

なので「全部自分理論」で処理する時に、くれぐれも落ち込まないでほしいと言いたいです。

大抵の不幸は、誰にでも遅かれ早かれ起こることなので、悲観的になって落ち込むことの無いように気を付けましょう！　落ち込んで自分で自分を否定して、楽しくない毎日を過ごすことがないように気を付けてほしいです。

「全部自分理論」は、自分が快適に生きるために使ってほしいのです。

HIROSHI TAMURA

29

人生編⑪

コンプレックスは受け入れると楽になり武器を手に入れられる

HOMELESS DAD OVERCOMES DISPARITY

人間、何かしらのコンプレックスを抱えて生きていると思います。

僕もコンプレックスだらけで、全てにおいて悲観的で、生きているのがしんどくて楽しくない時期が長かったです。

お母さんが早くに亡くなってしまったことなんて、病気が理由なので仕方のないことなのに、ずっと僕のせいだと自分を責めて息苦しく生きていました。

誰も得をしないただただマイナスの行為でした。そんなことをしてもお母さんは喜ばないのに。まだ生きているならわかりますが、変えられない過去を勝手に悔やんで、自分にダメージを与えるのは、今思えばもったいない時間を過ごしたなぁと思います。その時分から、お母さんが喜ぶ考え方が出来ていれば、全てがポジティブだったのにと。

お母さんに笑ってもらえる生き方をしよう。産んでくれてありがとうと、誰よりも大きい声で言うために、人生をとことん満喫しようと思ってからは、考え方がずいぶん変わりました。

変わったことの一つとして、コンプレックスの捉え方があります。

世の中には様々な人が居て、様々なコンプレックスがあり、全てが当てはまらないかも知れませんが、基本は当てはまると思っていることがあります。

まず言いたいのは、「ネガティブに捉えるな」です。

特徴をネガティブに捉えて自分を卑下したり、自信を失ってしまって言動にマイナスの影響が出てしまったりすることは、百害あって「一利しかなし」です。

この一利は、同じコンプレックスを持つ人と仲良くなりやすいことや、気持ちを理解しやすいことです。この一利は、コンプレックスを感じた段階で十分、理解して向き合えるはずです。いつまでもネガティブに捉えていなくても出来るので、やっぱり一利もないかも知れません。

もしも、ポジティブに捉えることが出来れば「何利」あるのでしょうか？

ポジティブに捉えれば、必ず良いループに入ります。

僕は天然パーマなのがコンプレックスで、ずっと脱獄犯みたいな短い髪型にしてきました。人生で髪を伸ばしたことが無かったんですね。でもひょんなことから伸ばしてみると、みんなから「かっこよくなった」と褒められ、初対面の人には「良い感じのパーマ当てられてますね」と褒められます。天パと伝えるとびっくりされます。みんなに似合ってるとかかっこよくなったと言われると、性格が単純なので自分に自信がついて前より少しだけど堂々と話せるようになりました。

完全に良いループです。


吉本興業に入ってから、芸人になる人達の面白さや感性に衝撃を受ける毎日を過ごしています。現場に行けば行くほどに周りのみんなとの才能や実力、タレント性の差を感じて、少しずつ少しずつ落ち込んでいく。そんな状態でした。

切れ味のある面白い発想は、なっかなか出てこない。シンプルに滑舌が悪い。空気を読むのも苦手。華がない。取材で芸人六人で写真を撮ったのに、出来た写真がなぜか僕だけブレているなど、とことん才能がないと感じる毎日。生きれば生きるほど落ち込む日々。芸人活動が僕の人生最大のコンプレックスです。

しかし、ポジティブに毎日を生きていく中で、自分の中で新たな答えに辿《たど》り着きます。何でこんなに才能が無い僕が、今も芸人を続けることが出来ているのか。僕より才能があって喋るのが上手くて華があった人がたくさん辞めていったのに、僕がまだ残っている。苦しい時期ももちろんあるけど、それなりにご飯も食べ続けることが出来ている。いくら相方が天才・川島大先生だからと言って、これだけ別々に仕事をしているのに、それだけで残れるものだろうかと考えていた時に、ハッと気付く。ポジティブ脳じゃなかったら絶対に辿り着けない答え。それは……。

「才能が無いことが才能」ということでした。

たくさんの才能が集まった時に、今度は才能が無いことに焦点を当てられることがある。これは自分でも想定外で本当にびっくりしました。

だって、才能のある人が集まる場所だと思っていたから。

まさか才能が無いことが武器になるなんて。

それまでは才能が無い自分を否定しまくって生きてきましたが、それが武器になると気付いてからは、今までなら落ち込んでいたことが一転して楽しいと思えたり、クスッと笑えたり、そんな自分が可愛いと思えたりと、全く逆の反応が自分の中に芽生えてきました。そんな自分も居たんだと、自分でも驚いています。

才能が無い自分を受け入れて楽になり、今まで足枷《あしかせ》だったものが武器になった瞬間でした。

ネガティブ人生の奴隷だった僕は、足に鉄球付きの足枷を付けられ、ずっと足を引きずって生きていました。そんな僕が、足枷に付いている鉄球を鎖ごとブンブン振り回して刃向かってきたら怖いですよね（笑）。

次はあなたの番です。

コンプレックスを持っている自分を許して受け入れて、気持ちを楽にして新たな武器を手に入れてみませんか？　きっと自分の中の知らない自分に出会って、びっくりする日が訪れますよ。

芸人になってからそれに気付くのは遅いってことは、言わない約束で（笑）。

HIROSHI TAMURA

30

人生編⑫

情弱は罪

HOMELESS DAD OVERCOMES DISPARITY

情報は探してください。
アップデートは常に意識してください。

町中で揉《も》めている方を目撃すると、「知らなくて」揉めているケースが多いように感じます。騙される方も大体そうです。知らなくて騙されて怒っています。知らないのは自分の罪です。騙す方が絶対絶対絶対絶対に悪いけど、残念ながら居なくなりません。自分達で守っていくしかないんです。そのために、まずは知っておく。そして興味が湧いたら深掘りをして自分を守る知識を得る。これしかありません。情報弱者は危険なんです。

何かがある一定以上のレベルに達した人も危険です。
そのレベルの高さに満足して成長が止まるからです。
満足せずに、常に情報を入れてアップデートする必要があります。
トップアスリートなど、何かの世界でトップを走っている人が落ちていくのは、アップデートが止まるからというパターンをよく見ます。周りもアドバイスや苦言を呈しにくくなります。そのレベルに居て、もし苦言を呈してくれる方がいたら、本当に大事にしてください。そういう人は、損得は考えていないことが多いです。ちなみにプレゼン能力があり過ぎるが故にアドバイスをしてくる人が居たら、その人は最大限に損得を考えている可能性があるので、あり過ぎる人も注意してください（笑）。「人生編⑤」（111ページ）と逆のようなことを言うてもうてますが（笑）。

今の時代、パワハラという言葉が凄く印象が強くなり、「〇〇ハラ」がよくトレンドワードになっています。

昔々あるところに「この人、パワハラ体質なんだろうなぁ」という人がいました。その人は、パワハラという言葉が生まれる前の昭和時代に、モロにパワハラを喰《く》らい、モロにパワハラを喰らわして来た人でした。

今までその人が置かれてきた環境を思うと、パワハラという概念をその人から抜きるには、どんな優秀な施設に入っても無理な気がします。

しかし、世の中にはパワハラという言葉があふれ、もはや許されなくなってきている。

その人は、後輩とパワハラまがいのコミュニケーションを取った後に、こう言いました。

「これはパワハラちゃうやんな？　俺、パワハラとか嫌やねん。もしパワハラやと思ったら絶対に遠慮なく言うてな」

アウトです。

そんなパワハラ体質の先輩に、それがパワハラですよ、なんて言えるやつ日本人でどれくらい居ますかね。まぁほぼほぼ言えません。言える人は、言ってなって言われる前にもう言っています。

きっと、ちゃんとわかってますよ、意識してますよ、というアピールだったのでしょう。でも真逆の効果しかありません。

深掘り出来ていないんですね。自分の中に染み込み過ぎて、染み込んでいることに気付いていません。実家の匂いが変でも、そこに住んでたら気付かへんっていうベタなあるあるです。

何回も言います。

情弱は罪です。

それくらいの意識で居ましょう。

あと、これは自分の話なんですが、「知らないマウント」を取るクセがあります。

知らないので興味がない。自分の方が上で、こっちにまで届いていないのでそっちの負け、みたいな価値観があります。クソ中のクソの価値観です。マウントでもなんでもない。自分の人間の器の小ささを露呈しているだけ。恥ずべき行為。なのに勝ったつもりで言ってしまいます。

たとえどんな小さい世界でも、結果を残して誰かに評価されているのならば、知らない方がダメです。勉強不足です。評価されているのだからそこには何らかの技術や素晴らしい価値観が備わっているのです。知らないのは恥だと気付いてください。僕はやっとそれに気付いたのでこれから改めていきます。また僕が「知らないマウント」をかましている現場に遭遇したら注意してください。

このマウントを取る方は大体そういう周りの微妙な空気の変化は読み取れません。そういうマウントをひたすら取り続けてきます。

何度も言います！

これも情弱であるが故のことなのです！

常に情報を入れましょう！
常にアップデートを意識しましょう！
誰が言うてんねん！　結果出してから言え！
という声が聞こえてきそうです！
僕は今、変化の途中です！
いずれ結果も出ます！
もう少し時間と情報ください！

第4章

芸人編

自信は肩代わりしてくれる

HIROSHI TAMURA

31

芸人編①

ハズレと言われたNSC秋組から生き残った麒麟・田村

HOMELESS DAD OVERCOMES DISPARITY

ダウンタウンさん、トミーズさん、ハイヒールさん、内場勝則さん、おかけんたさんという黄金の一期生からはじまった吉本の養成所・NSC。

数々のスターを生み出しているが、実はあまり知られていない暗黒の時代がある。

そう、ハズレが多いと言われ3年間で廃止となった「秋組」。

残っているメンツも、通常の春組に比べれば明らかに少ない。在学中からコンビで残っているのは、3年間で麒麟とファミリーレストランさんだけ。ファミリーレストランさんはジャンクションというコンビ名から改名しているので、名前も変えずに残っているのはもはや麒麟のみ（無理やり立てようとすな笑）。

ハズレと言われたNSC秋組の最終年。才能の無いメンツの中でも群を抜いて才能の無かった僕が、今も辞めずに現役でそれなりに仕事をさせてもらえている。

これにはいくつか理由があります。きっと今仕事で悩んでいる人や、これから就職する人、皆さんに参考になることがあるのではないかと思います。

特に、後輩が何を考えているかわからない上司さん。バカな後輩、のんびりしている後輩の頭の中が少し覗《のぞ》けるかも知れません。こんな人種もいるんだと、何かの参考になれば幸いです。

この章も最後までお付き合いをお願いします！

32

芸人編②

芸人の僕にとって本当に大きな気付きでした

HOMELESS DAD OVERCOMES DISPARITY

芸人は、表立っては言わないですが、暗黙の了解で空気の読み合いをしています。

トークコーナーや大喜利コーナーなど、全体のバランスを見てこのメンバーだったらこの人はこの順番だなとか、自分で判断したりMCが判断したりして、みんなその順番と自分のキャラに合ったところで全力投球します。

僕はツッコミです。役割としては空気を壊さず、みんなが話しやすい空気を作るのが理想だと思います。でも若い頃の僕は、人と発想が被《かぶ》るのが嫌で、オリジナリティを追求していました。他では聞いたことがないような発想をしているなぁと言われたかった。

だから人の真似《まね》をせず、みんなが言いそうなことは言わず、自分の世界観丸出しで突拍子も無いことを喋ったりして、誰にも伝わらず、何を言うてるの?という空気に何度も遭遇しました。

笑いを取るテクニックも全く無いので、スベり出したらとことんまでスベってきました。もちろんスベるのは嫌で、何度も反省し改善しようと心に誓うも、舞台に立ったら無意識に自分のやりたい方に流れてしまう……。

どこかで誰かが言ってそうなことを言ってでも空気を優先したいのに、無意識に暴走してしまうということを、何度も何度も繰り返していました。

その頃の僕は、誰かと服が被るのも嫌で、空き時間があれば古着屋を巡って誰とも被らない服を買っていました。一応、その当時の若手のオシャレランキングで1位に輝いたこともありました。

ある日のロケ現場で、相方もスタッフさんも取材先の方もみんなジーパンを穿いていたのに、自分だけが古着の綿パンを穿いていて、最初は俺は誰とも被らない服を着ていて個性的だぜ、なんて鼻歌モンでした。

バカは安直に機嫌が良くなります。

でも、その時にハッと脳みそに電流が走りました。

あれ？　人と発言が被りたくない気持ちが、服装にまんま表れてるやん。まんま繋がってるやん、と。服装も発言も人と被りたくないから、無意識に個性を出そうとしてしまっている。自分の中に根付き過ぎているから直そうにも直せない。上書きする必要があるけど無意識が勝って出来ない。

これが繋がっているということは、服装を変えたら自然と発言も変えることが出来るのでは？と思い、それからは敢《あ》えてジーパンを穿き、敢えて流行《はや》っているものを着て、みんなに合わせていくことにしました。

世の中で帽子を横に被るのが流行れば横に被り、ベルトを垂らすのが流行れば垂らし、チビTが流行ればどんなに乳首が浮き出ようともチビTを着ました。

そうしたら、何ということでしょう。

今まであれだけ直そう直そうと、後悔して反省して涙を流しても変わらなかった個性的なことを言いたい衝動が薄れていき、人と被ってでも自分の順番や役割に見合ったことを言うことが、自然と前より出来るようになりました。もちろん、それが出来ても実力不足でスベることはよくありましたが、それでも突拍子も無いことを言うことは格段に減りました。

恐らく、この空気を読もうとする能力は、芸人はみんな自然に持っていて、売れている人達は、かなりハイレベルでやり合っているはずです。

僕は元々持っていなかったのでレベルは低いかも知れませんが、それでもそれに気付き、変化したことで、今もこの世界で何とかやれているのだと思います。とても大きな気付きでした。

発言や行動は基本、根付きなのです。

そして日常生活の習慣や行動に必ず連動しているのです。
変えたいものを直接変える努力はなかなか実りません。
やってしまった後に、何度も同じ反省を繰り返してしまいます。

しかし、繋がっている部分を見つけ出し、自然と自分に馴染ませていくこのやり方であれば、最短で自分の中に根付かせていくことが出来るのです。

あの日、そのことに気付いていなければ、僕は今よりももっと仕事がなく、もっと格差がついていたことでしょう。これ以上の格差はつきようがないだろう、とかは言わないようにお願いします。田村は繊細な生き物です。よろしくお願いします。

HIROSHI TAMURA

33

芸人編③

なぜか最後まで想定出来ない

HOMELESS DAD OVERCOMES DISPARITY

前項で、自分のクセを直すきっかけは、日常生活の中に潜んでいることに気が付いたと書きましたが、田村にはもう一つ直したいことがありました。

それは「最後までシミュレーション出来ないこと」。

番組やライブなどに出る時に、アホなりに一応シミュレーションして臨みます。ですが、この辺でウケたら良いなぁ、盛り上がれば良いなぁ、とか考えているうちに最後までシミュレーションせずに、ぼんやり盛り上がっているところを想像するだけで終えてしまっていました。

実際に番組がはじまるとシミュレーション通りには盛り上がらず、何とか挽回《ばんかい》しなければいけないのに、その後のことはノープランなのでなす術なく終わってしまう。そんなことを繰り返していつもヘコんでいました。こんなことを繰り返していて、どうやって自分に自信を持てばいいのでしょうか？　無理無理無理無理。

そんな最中に、田村は気付きました。日常生活にクセは潜んでいると。なので、ずっと探していましたが、「最後までシミュレーション出来ないこと」が何と繋がっているかを見つけられていませんでした。ですが、ついに見つけました。

僕の場合、それは、「車の運転」にありました。

仕事場に車で行く時に、家から大通りまでの抜け道を通り、大通りからは信号のタイミングを見ながら臨機応変に行く、というのが僕のいつものプランでした。

これだ！　この臨機応変に、というやつを変えて、家から目的地までの道順を全て決めるんだ！　絶対にそうだ！　そうするんだ！　僕は生まれ変わるんだ！

それからは、目的地まで道順を決めて行動するようになりました。そうすると、自然と感覚が変わり、ライブなどでも最後まで想定して出来るようになりました！　ウケるウケないはまた別問題ですが、明らかに変わりましたし慌てることも減りました。

そして、副産物もありました。

道順を決めたことで、混んでいてもその道で行くので、渋滞なども想定して時間に余裕を持って動く感覚まで身に付いたのです。それまではいつも時間ギリギリで行動して、「少しの遅刻」がめっちゃ多かったのです。

これも僕にとって、とても大きな気付きでした。

日常生活に潜んでいる自分の直したいところ。皆さんもぜひ探してみてください。見つけた時の喜び、苦手を少し克服した時の喜びを味わってください。

余談にはなりますが、僕にはもう一つ直したいところがあります。

それは好きなものの話をする時に早口になることです。

特にバスケの話をテレビでプレゼンする時は、言いたいことがたくさんあり過ぎて詰め込みたいがために、ひたすら早く話してしまうクセがあります。

これも直したいのですが、日常生活のどこに潜んでいるのか……。

早く見つけて改善していきたいです。

HIROSHI TAMURA

34

芸人編④

実は芸人以外でも使える「おいしい」の概念

HOMELESS DAD OVERCOMES DISPARITY

第3章でも、同じようなことを繰り返し言っているのですが、芸人の「おいしい」の概念を使った方が、よりイメージしやすい方もいるかと思うので、この章でも書かせてもらいます。

芸人用語で「おいしい」という言葉がある。
美味しいものを食べて言う感想ではありません。

芸人が言うおいしいとは、結果的に自分が芸人として得をする時に使います。

例えばロケで泥の中に突っ込んだりすると、顔から服からドロドロになったりして、私生活での出来事なら最悪やぁ〜汚れたぁ〜となるところですが、芸人がロケでわかりやすく汚れていればいるほど、カメラに抜かれ笑いが生まれ、みんなにイジってもらえる。

芸人にとってはたくさんテレビに映れるので「おいしい」となる。

例えばグルメロケで、人数分頼んだはずが一つ足りてなくて自分の分だけが無い。私生活やったら私の分無いやん！私だけ何も食べられへんやん！とキレたくなる案件ですが、ロケでそんなハプニングが起きてくれたら超有り難くて、リアクションタイム発動で爪痕が残せる。一人分足りない状況に当たるなんておいしいなぁ〜となるわけです。

この概念を持って、普段から生活が出来れば、実は人生が楽しくなるんです。自分の身に起きたミニトラブルやミニ苦難は、全部エピソードにしておいしいものに変えてしまいましょう。

そうすると、イライラすることが減り、ポジティブで居られる時間が増えますよ。

HIROSHI TAMURA

35

芸人編⑤

僕は天然です

HOMELESS DAD OVERCOMES DISPARITY

突然ですが、僕は天然です。
時々やらかします。

こんなやつおるんか？と思われるかも知れませんが、はっきり言わせてください。一生懸命に生きた結果なんです。自分でもまさかなんです。冷静になれば自分でも変だなと思うのですが、その時はただただ一生懸命なんです。

あれは、まだ若手の頃の、あるとても暑い真夏の出来事でした。

今時、ビデオの話になります。
もはやビデオを知らない人もいるかも知れませんが……。

今度出演する番組の、過去の放送回のビデオをスタッフさんに手配してもらい、チェックしていました。どんな空気感なのか、自分はどういうふうに立ち回れば役に立てるのか、必死で集中して見ておりました。
実際の放送を録画したものだったので、番組終了後にそのままニュースがはじまりました。あまりに集中していた僕は、それがビデオであることを忘れ、リアルタイムで見ている気持ちになっておりました。その時は真夏だったのですが、渡されたビデオは半年前の真冬のもの。流れているニュースでは、明日は大雪予報で観測史上最大の積雪の可能性があります、と言うのです。

びっくりしました。真夏に大雪が降るだなんて。
天変地異が起こるのかと地球を心配しました。
でも、テレビのニュースで嘘《うそ》を言うわけがありません。
キャスターの方が真顔で言うてるからそうなんでしょう。
雪が降らなかったとしても、かなりの寒さになることは間違いないでしょう。
次の日のスケジュールは、若手の劇場でライブでした。

僕は他の芸人達の心配をしました。

みんな、ちゃんとニュースを見てるかな。

真夏の格好で来たら風邪ひくで。

そう思いながら、ダウンジャンパーを押し入れから引っ張り出して着て行きました。

真夏にダウンジャンパーを着て、自転車を汗だくで漕《こ》ぐ男。途中、立ち漕ぎしている時間なんかもありました。誰の目から見ても、さぞかし滑稽だったことでしょう。

しかし、僕は心の中で、みんなの心配をしていました。

みんな半袖やん。みんなニュース見てないやん。

この後、気温が一気に下がって雪が降るんだぞ。

だってニュースで言ってたんだから！

当時の家から劇場までは自転車で15分ほどでした。行きは勝山通という道を行くのですが、ずぅーっと緩い登り坂です。15分間ひたすら漕ぐと劇場が近づいてくる。今、思えば、なぜ雪が降り出したらダウンを着るという発想はなかったのか。そもそも降るわけはないんだけど、降ると聞いたので家から着て行ってしまった……。自分の思考回路ながら謎である。

劇場に近づいてきた頃には、さすがに僕も違和感を覚えはじめる。気温も高いし、雪が降る気配があまりにもない。なんだこれは？　何かの間違いか？　でも僕には確固たる自信があった。なぜならニュースで言ってたんだから。ニュースがそんな間違いを犯すわけがないんだから！

違和感を覚えながら、汗だくで劇場に到着して楽屋に入る。入り時間ギリギリでの到着だったので、その日の出番の芸人がほとんど楽屋に居た。みんなが一斉に僕を見て、何でダウン？と聞いてくる。僕は必死で昨日同じニュースを見たやつを探す。誰も居ない。芸人になるようなバカばっかりだから誰もニュースを見ていないんだ。こんな若手の劇場には、ニュースを見るようなまともなやつは居ない！

こんな時に頼れるのは相方だ。川島ならニュースを見ているはず。ちゃんと確認しているはずだと川島を探す。若手の人混みの奥に川島を見つけた。藁《わら》にもすがる気持ちで川島に問うた！

「昨日ニュース見たやんな？　今日雪降るよな？」

川島がこちらに歩み寄ってくる。もはや僕にはスローに見えている。走馬灯のようだ。走馬灯というのは本当のピンチの時に、頭が何とか生き残る方法を探すために、過去の様々な体験を異常な速さで脳の中で検索したものらしい。僕の脳は、命の危険を感じて、走馬灯を見られるくらい速く回転していた。全てがスローだ。

頼みの川島の口がゆっくり動く。

「ああ、ニュースで今日雪って言ってたな。見たよ。俺もどうなるかなぁと思ったけど今のところ降ってないなぁ〜」
というような言葉が出てくるはずだった。
しかし、実際に出てきた言葉は想像とは違った。
「は？　降るわけないやん。何を言ってるん？」
田村絶望。
底の見えない崖にぶら下がり、指何本かだけで耐えてる状態。
これを離せば死ぬ。
また川島が口を開く。
「あっ、そういえば昨日スタッフさんから資料のビデオもらってなかった？　番組終わりのニュースまで見てそれが冬のニュースやったんちゃうん？」

田村の指が崖から離れ、谷底へ落下。

名探偵過ぎる。
あの瞬間で無駄な言葉が一つもない。
完璧な推理。

その日のライブが死ぬほど調子悪かったことは言うまでもありません。
恥ずかし過ぎてほんまに穴を掘りかけた。
谷があったらほんまに落ちていたかも。
真夏のダウン事件。

HIROSHI TAMURA

36

芸人編⑥

僕は天然です2

HOMELESS DAD OVERCOMES DISPARITY

これは、とても悲しい事件でした。

僕は芸人になり、大阪の難波という街に住んでいました。

当時の若手芸人の本拠地ｂａｓｅよしもと（今はＮＭＢ48さんの劇場になってしまい懐かしの楽屋に入ることも叶いません……）が難波にあり、自転車での移動が非常に便利でした。毎日乗るので、自分が好きになれる一台をずっと探し続けていました。

ある日、やっと自分の好みの、オレンジ色で形も独特で、あまり人と被らない超可愛い自転車に出会い、一目惚れして即決で買いました！　もう嬉しくて嬉しくて、テンション上がりまくりでした。

仕事の前に自転車を買って、仕事が終わり鼻歌交じりでその自転車に乗って家に帰りました。当時はマンションの5階に住んでいたのですが、可愛い新車の自転車が盗まれないように、マンションの中まで持って行き部屋の前の廊下に停《と》めました。

自転車に乗りたい気持ちがあったのかはっきりは覚えていませんが、一度家に帰ったものの、家からすぐ近くのコンビニに行こうと思い立ちました。

徒歩2分なので、いつもは歩いて往復していたコンビニです。でもその時は、わざわざ自転車で行きます。機嫌も良いです。コンビニでも自分の好きなものをたくさん買って、満足して家に帰りました。いつもは歩いて往復していたコンビニです。


次の日の朝、事件が起こります。

何と部屋の前に停めたはずの僕のオレンジの自転車が無いではありませんか！

何ということでしょうか？　家の前でパクられるなんてどれだけツイていないんだ！　自転車が可愛過ぎて、マンションに入る前から誰かに目を付けられていて、僕が居なくなるのを待ってパクったんじゃないか？というところまで想像して他人を疑いました。


テンションはだだ下がりですが、無いものは仕方ありません。

その日も仕事があったので、とりあえず仕事に向かいます。

僕はあまりにも気に入っていたので、その日の仕事終わりで同じ自転車屋さんに駆け込みました。そして色も何もかも全く同じ自転車をもう一台購入しました！

お店の方もびっくりしていましたが、ほしいと言ったら売ってくれました。

防犯登録をしているので、警察に届け出て見つかれば連絡はもらえますが、あまりに気に入っていたので見つかるまで待てませんでした。

田村裕君は、まさかこの5分後に見つかることになるとは微塵《みじん》も思っていません。

2日連続で同じ自転車を買うことになるとは思ってもみませんでしたが、なんせお気に入りの自転車に再びまたがることが出来てニコニコです。今度はパクられることが無いように、自転車の鍵とは別にU字ロックも買いました！　これでもう取られないでしょう！

ウキウキで鼻歌交じりに家に向かいながら、お腹が空いていたのでコンビニで何か買って帰ることにしました。家から一番近いコンビニ。昨日の夜中と同じコンビニに寄ります。颯爽《さっそう》と自転車を漕ぎ、店の前にザザッと勢い良く停めました！

すると、なんということでしょう！
盗まれたはずのオレンジの自転車が、そこに停まっているではありませんか！
同じ自転車が2台並んでいます。

これを読んでくださっている賢明な読者の皆さんはもうお気付きでしょう。
しかし、天然・田村はここから本領発揮です！

最悪や！　こんなタイミングで盗まれた自転車が見つかった！
っていうか犯人アホやな！
盗んだ場所からこんな近いコンビニに、盗んだチャリで来るなよ！

僕は興奮気味に肩を張り、犯人を威圧するべく鋭い眼光で睨《にら》みつけて、コンビニの中に入ります。そしてコンビニの中をウロウロしましたが、ちょうどその時、コンビニの中にはお客さんは一人も居ませんでした。

え？　あれ？

まさか！　まさか店員さんが犯人？

やってくれたな！

とレジに向かいます。するとレジには、自転車なんて到底盗みそうにない真面目そうな女の子がちょこんと立っています。

こんな子が盗むかな……しかも前から何度も会っているこの子が……。

中に居るのか？　バックヤードに居るんだな！　犯人は！

僕は勇気を出して店員さんに聞きます。

「今ってバックヤードに人は居てますか？」

すると、もうすぐ交代ですけど今は私一人ですと返事が返ってきた。今のご時世ならそんなこと聞いても教えてくれなかったかも知れませんが、この頃はまだその辺も緩かったのでしょう。すんなり教えてくれました。拍子抜けした僕は、訳もわからずにコンビニから一旦出ました。おかしいなぁ、犯人はどこに行ったんやろと思いながら、改めて昨日盗まれた方の自転車を観察します。

あれ……？

鍵刺さってるやん……？

そこでやっと田村裕君は気付きます。
犯人なんておらんやん！　強いて言うたら犯人俺やん！
昨日自転車に乗って買い物に来て、いつものクセで歩いて帰ってるやん！
あんなに気に入ってた自転車のこと、買い物に満足して忘れてもうてるやん！
いきり立って肩を張って睨みつけながらコンビニを一周した、あの地獄の時間。

客が誰もいないコンビニを、一人でグルッと回って出てきただけのやつ。

アホ過ぎる。みんなに「一日でパクられた！」と騒いでしもた。収拾つかん。

もういっそのことパクられた方がマシやわ、と鍵を付けたままそのコンビニの前に放置したけど、１ヶ月経ってもパクられもせんとずっとおる。

治安、めっちゃええやん！　ええ街やん難波！

難波の街を、もっと好きになりました。

HIROSHI TAMURA

37

芸人編⑦

僕が芸人を続けられている理由

HOMELESS DAD OVERCOMES DISPARITY

僕が芸人を続けられている理由。すでに何個か挙げましたがもう一つ。

人生が特殊でした。

まぁ早い話が『ホームレス中学生』を執筆出来るような特殊な人生に、特殊な家族だったことがとても大きな要因です。


これにはデメリットもあります。

やっぱり芸人としてテレビにたくさん出るためには、たくさんテレビを見て価値観を形成し、テレビの常識を知り、そこに憧れるのが近道だと思います。

僕の場合は、自分が子供の頃に流行っていた、千原兄弟さんを筆頭とした「(心斎橋筋)2丁目劇場」が好きで、2丁目のお笑いが好きでした。テレビというよりは2丁目。それしか見ていませんでした。


もう少し家庭が安定していて、みんなでテレビを見る時間と場所と習慣があり、大人と一緒にテレビを見ていたら、もう少しテレビを好きになり、大人の感想が自然と耳に入るので、芸人になってからの工夫の仕方も変わったかも知れません。

この世界に入ってからテレビを見たし、仲間のやっていることから学びました。思いも経験もボロ負けですし、センスもないので周りを追い越すことはほぼ出来ません。

ただその分、人生が特殊でした。スポットは強いです。価値観は誰とも被りません。レギュラーで出続けるタイプに成長するには何が必要でしょう？

誰か教えてください（笑）。

まさか『ホームレス中学生』が200万部以上も売れるとは思っていなかったけど、たくさんの方に読んでいただいたおかげで、家族や親戚、お世話になった方々に恩返しが出来ました。本当にありがとうございます！

ちなみに、自分へのご褒美で買ったシルバーのバックルのベルトを着けたら、金属アレルギーということが判明し、すぐにタンスの肥やしとなりました（笑）。

HIROSHI TAMURA

38

芸人編⑧

自信は肩代わりしてくれることがある

HOMELESS DAD OVERCOMES DISPARITY

僕は自分に自信を持てずにいる。

ことお笑いに関しては、もちろんいまだに全く持てなくて、その不安が随所に出てしまい、スベってから面白くなる空気も逃してしまうことがある。

自分に自信が持てれば、ブレることなく前に進み、迷わずに発言することで取れる笑いも絶対にあるのに、それが出来ない。「自信がないモード」真《ま》っ只中《ただなか》の時は、そのことに気付きもしない。

バスケの仕事は多少あったものの、ＹｏｕＴｕｂｅもそんなに軌道に乗せることは出来ず、自分の性分にも合っていなくて自信に繋がるものではなかった。

その時に、新型コロナウイルスが蔓延して仕事が無くなり、余計に自信を失っていく。仕事が無くてずっと家に居た。やることが無いから料理を覚え、家族のご飯を作るようになり、やることが無いから流行りに乗っかって、音声ＳＮＳのクラブハウスをはじめるも人気配信者にはなれず。

クラブハウス自体が人気にかげりを見せたので、インスタライブに移行するも、クラブハウスの時よりもさらに人気が下回る。恐らくある程度の知名度がある芸人で、視聴者数ゼロを経験したのは僕くらいではなかろうか。多くても五人……。ゼロになっていることにも気付かず、誰も見ていないのに話し続けていた時もあったほどです。

その頃から、どうせなら日本で一番インスタライブをやる芸人になってやろうと、毎日のように配信をしはじめ、喋り続ける。多い日には一日に5回も6回も配信をした。

喋ることも続かないので、お笑い以外の育児やホームレス経験から来る人生への考え方、そして見てくれる数少ない皆さんの人生の後押しを、ほんの少しだけでも出来ないものかと、ポジティブな発言が増えていく。

すると、次第に見てくれる人も増えてきて（他の芸人さんと比べると遥かに少ないけれど）、見てくれている人には届きはじめ、次第に講演会のオファーなどをいただくようになる。きっとこの本のオファーにも配信が関係していると思われます。

育児のことは一切勉強したことはないし、人生のことも特別に本を読んだり勉強したりはしていないのだけど、ホームレス経験と芸人としての経験で、人とは違う価値観を知らない間に形成出来ていたからか、評価してくれる人が出てくる。

そして、講演会で色んな話をしていると、聞いてくださった方々が非常に感動してくれて、その反響がまた広がって、次の講演会のオファーをいただける。有り難いことに、今では年に数回、講演会のオファーをいただいている。

内容は、ホームレス経験で学んだこと、なぜグレなかったか、援助が必要な家庭に育って思ったこと、ホームレスを経験して思う育児、夢を叶えるために今何をするべきか、などなど、人生観を中心に聞いてくださる方に合わせて、様々なお話をさせてもらっている。企業向けもあれば、小学生を対象にした講演もあった。

それを繰り返しているうちに、いつの間にか1時間でも90分でも、一人で特別に緊張することもなく講演会が出来るようになっていた。
それが少しだけ自信になった。爆笑は簡単には取れなくても（まだ諦めていません）、ユーモアを交えながらの講演は十分に出来ているはず。

その自信が少し持てると、テレビのロケやスタジオはもちろん、プライベートでも他人とコミュニケーションを取る時に、いっぱいいっぱいにならずに冷静に、そして発言する時は迷わず発言する勇気が持てた。
単純過ぎてすいません！　皆さんはそこまで単純ではないかも知れません。僕の脳内は単純に出来ています。皆さんが高度なルールのスポーツをやられている中で、僕だけ手押し相撲くらい単純なルールで生きているかも知れません！

別のことで自信がついて、少し気持ちに余裕を持てるからコミュニケーションが上手くいく。その成功体験が、本業でも少しずつ自信に繋がり、迷わずに話せるようになる。

そうなると良いスパイラルに入る。
グッドスパイラルボーイ。こんなことも唐突に言えちゃうくらいに。

それまでは、バスケの仕事の時も、せっかく芸人として呼ばれているのだからと、ボケたりユーモアを入れたり無理やりやっていたので、スベるし需要がなくなる。
でも別のことで自信が持てると開き直ることが出来て、恐らくこれを喋ってほしいのかなとか、この辺りの話を求められているかな、という感覚で話せるので、また次の需要も出てくる。ナイススパイラルボーイ。

そもそもは、全く別のところでの自信だったのに、不思議だなぁと思った。
人間って単純（田村だけかも）。

必要以上の自信は、鼻につくから気を付けたいところですが、最低限の自信は持っていないと、言葉に迷いが生じて負のスパイラルに入ってしまいます。

やはり適度に自信は持っておきたい。

直接的に自信が持てるのが理想だけど、別のことで得た自信が肩代わりしてくれることもある。

そして最終項の、スリムクラブ・真栄田賢《まえだけん》君のアドバイスもあり、僕は変わっていきました。

何かを頑張り続けていれば、必ず自分を助けてくれる。

芸は身を助ける。

HIROSHI TAMURA

39

芸人編⑨

スリムクラブ真栄田賢の教え

HOMELESS DAD OVERCOMES DISPARITY

スリムクラブの真栄田賢君は、歳上の後輩です。
お笑いの世界は年齢ではなく、芸歴が一日でも長い方が先輩。
吉本の後輩でもあるが、さらに『探偵！ナイトスクープ』という番組でも僕より後に入ってきて、いつも楽屋が相部屋だったという関係である。

そんなわけで、真栄田君はえら後輩なのだが、僕には無いものをたくさん持っていて、何よりワードセンスの良さや面白例えの早さには目を見張るものがあり、ナイトスクープの探偵陣もみんな一目置いています。もちろん僕も先輩として尊敬されなければいけないのだけど、逆に真栄田君を尊敬しています。

そんな後輩であるはずの真栄田君が、ある時から、一緒に飲む度に僕のことを怒るようになりました。

内容はこうです。

田村さんはもっと自信を持ってよ。
田村さんは面白いよ。
（全て真栄田君のイントネーションで再生してください）

最初はどんなに言われても否定していました。

だって僕は、大阪吉本に入り20年（当時）、ずっとみんなから、お前は面白くないと否定されてきたんですから。川島はボケもツッコミも出来るのにお前は何も出来ないなと言われ続けてきた。もちろん愛のあるイジりでもあるのだけど、真実でもあった。何人か褒めてくれる人もいたけど、元々の性格のガサツさや常識の無さも相まってたくさん怒られ、ずっと何も出来ないやつとして扱われてきた。笑いを取るのもそっちの方向ばかりでした。
そんなことないわ！と言い返すほど、心も強くなく努力も足りなかった。そしてそっちの方向の笑いに味を占めていたところもある。

そんな僕に、面白いから自信を持てという言葉は届かなかった。

届くわけがないさぁ。今までの20年を否定することになるんだから。


それでも真栄田君は折れなかった。

僕がどれだけ否定しても折れなかった。何年も言い続けた。

ある時、僕はこう思った。僕は真栄田君のことを心の底から面白いと思っているし尊敬もしている。その真栄田君がこれだけずっと僕のことを評価してくれているのに、それを否定し続けるのは真栄田君に本当に失礼だ。しかも僕が真栄田君のことを尊敬しているのに、その人の言葉を受け入れないということは、自分自身の感覚も信じられていないことになる。自分の思っていることを自分で否定している人間が、こんな厳しい世界でやっていけるわけがない。それなら一度、ダメ元で乗っかってみよう。

ここまで言ってくれている真栄田君の言葉を信じて自分のことを面白い（正確には「面白い瞬間もある」くらいだけど）と思って生きてみよう、と考えはじめた。

今までは、スベってしまったり空気を読み違えたりした時は、毎回落ち込んで自分で自分を否定して、次の仕事で取り返すべく力み、次の仕事でも空回り。前のスベリを次の仕事に持ち越すという二重スベリ。スベリの二毛作。最悪です。

でも、真栄田君の言葉を受け入れてからは、スベッても周りのフォローでどうにかなる、空気を読み違えても人間なんだからそんな日もある、と思うようにした。すぐにそれが出来ちゃう自分の単純さに驚きを隠せないが、なぜか出来た。

そうすると落ち込まないので、次の日に引きずらない。毎日フレッシュにその日の仕事に向き合える。スベッた後に落ち込んだり機嫌が悪くなったりしないから、人間関係も家族とも良い空気をキープ出来る。良いことだらけだった。

ちなみに、落ち込まないけど、反省はちゃんとします。

そして何より、生きるのが楽になった。楽しくなった。

そして良い空気を纏《まと》っている時間が増えたからか、なぜか人付き合いも前より上手く回るようになり、仕事も増えていった。

100パーセント否定してきた意見を受け入れて、人生が変わった。

まさか、スリムクラブの真栄田君に僕の人生を変えられるとは思ってもみなかった。

相方の内間《うちま》政成《まさなり》君からは、何の影響ももらっていないことをしっかりと明記しておきます（笑）。
※とか言いながら内間君のX（旧ツイッター）のファンであることは隠して生きています
あなたも、自分のことを評価してくれる周りの人の言葉を聞いて、変わることに挑戦してみてください。

おわりに

最後まで辿り着いてくださりありがとうございます。

本当に感謝です。読んでくださった方、読んでいないけどこの「おわりに」だけを読んでくれている珍しい方、読んでいないしここにも辿り着いていない多くの方々……そんな方も含めた、この世の全ての皆さま本当にありがとうございます！


44歳の田村が思うことは、一旦全て吐き出させていただきました。

本当はまだ、書きたかったことや、上手く文章にまとめられなかったこともたくさんあります。それでも一先《ひとま》ず、区切りとさせていただきます。


読んでみていかがでしたか？

正直、刺さるものは何にもなかったわという皆さま、ごめんなさいね。

本当にごめんなさい。

自分で自分の機嫌を取って、毎日を笑って過ごし、今ある幸せを確実に感じて、さらなる幸せを呼び込める人生を。嫌なことがあっても、日頃のニコニコがクッションとなり落ち込みが軽減され、また一日でも早く元のニコニコに戻れますように。

ニコニコの裏に隠れた悲しみを、心のどこかで共有しながら、手を取り合って心を満たし合って、人生を謳歌しましょう。

いつもこんなことをインスタライブで発信しているので、「どこの宗教やねん」と言われそうですが、それでも僕は言い続けたいなと思います。

本当に最後までありがとうございました。

2024年8月　麒麟・田村　裕

本書は書き下ろしです。

田村 裕（たむら　ひろし）
1979年９月３日生まれ、大阪府吹田市出身。NSC大阪校20期生。99年に川島明とお笑いコンビ・麒麟を結成。2001年には第１回M-1グランプリで無名ながら第５位の成績を収める。07年に自伝的小説『ホームレス中学生』を発売しミリオンセラーに。ドラマ化、映画化もされ社会現象となった。バラエティ番組などに出演するほか、バスケ芸人としても活躍中。11年に結婚し、３児の父となる。

ホームレスパパ、格差《かくさ》を乗《の》り越《こ》える
何《なに》も変《か》わらなかったから考《かんが》え方《かた》を変《か》えた

2024年10月１日　初版発行

著者／田村《たむら》 裕《ひろし》

発行者／山下直久

発行／株式会社KADOKAWA
〒102-8177　東京都千代田区富士見2-13-3
電話　0570-002-301（ナビダイヤル）

印刷・製本／大日本印刷株式会社

●お問い合わせ
https://www.kadokawa.co.jp/（「お問い合わせ」へお進みください）
※内容によっては、お答えできない場合があります。
※サポートは日本国内のみとさせていただきます。
※Japanese text only

定価はカバーに表示してあります。

ISBN 978-4-04-114499-2　C0095